5-7, rue de l'Ecole-Polytechnique, 75005 Paris

www.editions-harmattan.fr

ISBN : 978-2-14-027098-7
EAN : 9782140270987

La restitution des biens publics culturels aux États étrangers

Le droit aujourd'hui

La collection « Le droit aujourd'hui » regroupe des études juridiques concernant des problèmes d'actualité nationale et internationale, dans divers domaines (éthique, politique, questions de société…).

Déjà parus

Boris BARRAUD, *Éthique de l'intelligence artificielle*, 2022.
Boris BARRAUD, *Dignité, liberté, égalité*, 2022.
Boris BARRAUD, *Humanisme et intelligence artificielle*, 2022.
Michel BOUDJEMAÏ, *La territorialisation de l'aide sociale légale*, 2022.
Carine VAYSSE, *La théorie générale du contrat administratif*, 2022.
Thomas LARDEUX, *La sécurité juridique et le contentieux international des investissements*, 2021.
Coffi Dieudonné ASSOUVI, *L'influence du droit international des changements climatiques sur le droit de l'environnement de l'Union européenne*, 2021.
Zohra Aziadé ZEMIRLI, *Le statut juridique des non-musulmans en Algérie. L'exemple des évangéliques et des ahmadis,* 2020.
Moustapha KAMARA, Jean Baptiste BERTRAND, avec la collaboration de Samba Thiam et Isabel Falconer, *Le contentieux international du transfert des joueurs, Football et autres sports collectifs, Nouvelle édition revue et augmentée,* 2020.
Béatrice Blohorn-Brenneur (dir.), *Médiation, cultures et religions*, 2020.
Marion Brosset Briand, Antonin Crinon, Élodie Delacoure et Émilie Delcher (dir.), *Le nombre et le droit*, 2020.
Mickaël Le Borloch, *L'application du droit d'auteur aux hyperliens, Analyse de droit français et de droit américain*, 2019.
Romain Feydel, *La société de libre partenariat. Régime juridique et fiscal*, 2019.
Arafat Abi, *La protection des droits des migrants, Interactions entre la protection des droits de l'homme et la protection diplomatique et consulaire*, 2019.

Charles COLOMAR

La restitution des biens publics culturels aux États étrangers

Préface de Carole Gallo et Fanny TARLET

L'Harmattan

Remerciements

À mon grand-père Joseph COLOMAR
Artiste peintre franco-espagnol, Résistant

Il me tient à cœur de remercier les personnes qui ont contribué à l'aboutissement de ce travail de recherche.

Carole GALLO, Professeur de droit public à l'Université de Lille pour avoir dirigé mon mémoire et pour sa confiance.

Fanny TARLET, Professeur de droit public à l'Université de Montpellier (CREAM) pour ses précieux conseils.

L'Hôtel des ventes Mercier de Lille et son équipe de commissaires-priseurs pour m'avoir donné envie de travailler sur ce sujet.

À mes amis pour m'avoir conseillé et soutenu tout au long du travail de recherche.

Préface

Carole GALLO, Professeur de droit public, Université de Lille
Fanny TARLET, Professeur de droit public, Université de Montpellier (CREAM)

Si la restitution, en tant que technique juridique, a fait l'objet de nombreux travaux, aussi bien par la doctrine publiciste que privatiste, le grand mérite de Monsieur Charles COLOMAR est de l'avoir confrontée à un objet singulier – les biens culturels – et à un contexte particulier – la restitution à un État étranger, et d'avoir su explorer cette question en détail, afin de mieux en saisir les enjeux spécifiques, tant sur le plan conceptuel que pratique. Le moment était au demeurant bien choisi, puisque la question s'est trouvée profondément renouvelée par l'engagement du président de la République, formulé en 2017 à l'occasion du discours dit de Ouagadougou, de restituer les biens culturels aux États africains, et que la loi du 24 décembre 2020 relative à la restitution de biens culturels à la République du Bénin et à la République du Sénégal a contribué à mettre en œuvre. L'intense actualité législative démontre avec vivacité que la question classique ne cesse de rencontrer des développements, la loi du 21 février 2022 relative à la restitution ou la remise de certains biens culturels aux ayants droit de leurs propriétaires victimes de persécutions antisémites posant une nouvelle pierre dans l'édifice des restitutions. L'actualité ne doit pas faire oublier que la question des restitutions est aussi ancienne qu'il a existé, depuis l'Antiquité, des butins et des prises de guerre qui firent sortir les biens contestés des mains de leurs propriétaires initiaux, et que les collections françaises –

comme britanniques notamment – regorgent de ces biens dont les titres de propriété furent rendus légaux par un contexte plus que par un mécanisme de droit.

Cette étude témoigne aussi de l'audace de son auteur. En effet, le sujet traité a suscité jusqu'ici peu de travaux en droit administratif des biens. Loin de dérouter Monsieur COLOMAR, la rareté des sources l'a conduit à les retourner à son avantage pour essayer d'y voir plus clair dans son mémoire. Les imperfections de celui-ci, relevées au cours de la soutenance, sont en partie excusées par la difficulté du sujet choisi. Confronté à un *patchwork* de législations disparates et au poids des enjeux extra-juridiques en la matière, il était inévitable qu'il formule des propositions définitionnelles et touchant au régime, au risque que celles-ci, d'une part, ne concorde pas totalement avec le droit positif, d'autre part, ne suscite pas toujours le consensus. Les données du problème sont apparues au fil du temps et des diverses restitutions, interrogeant le périmètre des biens susceptibles d'être restitués et chemin faisant le miroitement des propriétés publiques légales par rapport aux propriétés publiques légitimes, questionnant la place particulière des restitutions de restes humains, superbement isolés dans la tour d'ivoire de l'évidence, confrontant l'adéquation des différentes techniques juridiques disponibles aux projets de restitution, la restitution ne pouvant déroger au principe législatif de l'inaliénabilité domaniale que par l'adoption d'une loi. Celle-ci doit-elle être générale ou ad hoc ? Doit-on poursuivre le développement de l'outil du prêt longue durée ? Faut-il imaginer des conventions de restitution afin de suivre l'utilisation et la conservation du bien restitué par son nouveau possesseur ? Les États bénéficiaires des restitutions ne les envisagent que très modérément en dehors d'un transfert complet de propriété, signe d'une relativisation du projet de mise à disposition des biens aux populations intéressées et marque du caractère fondamentalement politique des restitutions, dont le droit n'est que le bras armé. C'est l'ensemble de ces questions qui sont abordées par le présent travail avec une grande amplitude et la conviction que des transformations du droit sont nécessaires.

Il n'empêche que l'ouvrage de Monsieur Charles COLOMAR constitue une réflexion stimulante, réflexion également originale, car, s'il est un reproche qui ne peut lui être adressé, ce serait de s'être limité à un travail de synthèse. En effet, ce travail vient à la fois compléter, sur un point complexe, la théorie générale des biens publics, en même temps qu'éclairer le régime, non moins complexe, de la restitution des biens culturels aux États étrangers. Ce travail s'inscrit dans des travaux doctrinaux qui se renouvellent avec vigueur dans la période récente et il contribuera à penser un changement de paradigme, qui peut également se penser dans le nouveau phénomène de « communalisation » des biens culturels : penser les restitutions dans le cadre des biens communs ou dans une réactivation des théories proudhonniennes de la garde et de l'affectation à l'utilité publique pourra être notamment une piste sérieuse pour envisager les restitutions à l'avenir. Le présent travail aidera à comprendre et à modéliser ces interrogations et ces pistes.

Liste des abréviations

Aff.	Affaire
AJDA	Actualité juridique en droit administratif
al.	alinéa
A.N.	Assemblée nationale
art.	article
Ass.	Assemblée
CAA	Cour administrative d'appel
Cass.	Cour de cassation
C. comptes	Cour des comptes
CE	Conseil d'État
CEE	Communautés économiques européennes
cf.	*confer* (se reporter à)
CGPPP	Code général de la propriété des personnes publiques
chap.	chapitre
Civ.	Chambre civile
coll.	collection
Concl.	Conclusions
Cons. const.	Conseil constitutionnel
C. patr.	Code du patrimoine
Crim.	Chambre criminelle
Dir.	Sous la direction de
éd.	édition
et al.	et les autres auteurs
ibid.	*ibidem* (dans le même ouvrage, dans le même passage)
Idem.	De même
JO	Journal officiel
JORF	Journal Officiel de la République française

LGDJ	Librairie générale de droit et de jurisprudence
n°	numéro
Occ.	Occurrence
op. cit.	*opus citatum* (déjà cité)
p.	page
pp.	pages
PUF	Presses universitaires de France
rapp.	rapporteur
RCADI	Recueil des cours de l'Académie de droit international
RDP	Revue de droit public
Rec.	Recueil
Req.	Requête
RFDA	Revue française de droit Administratif
Sect.	Section
SSR	Sous-Sections réunies
suiv.	suivants, suivantes
Supra.	Au-dessus, plus haut dans le texte
t.	tome
TA	Tribunal administratif
TFUE	Traité sur le fonctionnement de l'Union européenne
UE	Union européenne
vol.	volume

Introduction

« Je veux que d'ici cinq ans, les conditions soient réunies pour des restitutions temporaires ou définitives du patrimoine africain en Afrique » Emmanuel Macron, Ouagadougou, 28 nov. 2017.

Prononcée devant les étudiants burkinabés de l'Université Ouaga, cette allocution a été faite lors du premier déplacement en Afrique du Chef de l'État français. Elle s'inscrit en rupture avec la position française sur la restitution des biens publics culturels aux États étrangers. Lors de sa première demande de restitution en 2016[1], le Bénin avait essuyé un refus de la part de la France[2]. L'argument avancé étant que la restitution d'un bien culturel porte atteinte à un principe fondamental : l'inaliénabilité des collections publiques françaises.

Historique succinct du principe d'inaliénabilité des collections publiques – Issu de l'Édit de Moulin de 1566, le principe ne protégeait pas les biens culturels à l'origine. En effet, le texte prévoyait l'inaliénabilité des « biens de la Couronne »[3]. La finalité de consacrer un tel principe était de

[1] Le 26 août 2016, le président de la République du Bénin, Patrice Talon, avait demandé à la France de restituer les biens culturels qui ont été enlevés pendant la colonisation du Dahomey, l'actuel Bénin.

[2] Lettre du 12 décembre 2016 du ministre des affaires étrangères et du développement international J. M. Ayrault à son homologue béninois : « Conformément à la législation en vigueur, ils sont soumis aux principes d'inaliénabilité, d'imprescriptibilité et d'insaisissabilité. En conséquence, leur restitution n'est pas possible ».

[3] A l'époque, la France est une monarchie incarnée par Charles IX.

ne pas morceler le territoire[1] et de protéger les biens matériels de la monarchie. Les rédacteurs ont pris soin d'inscrire deux exceptions au principe d'inaliénabilité. D'une part, les biens de la couronne peuvent être vendus exceptionnellement pour « l'apanage des puînés mâles de la maison de France »[2]. D'autre part, ces biens peuvent être vendus pour les nécessités de guerre. Toutefois, le roi a multiplié les entorses à ce principe (notamment pour assurer son train de vie) en dilapidant les biens du royaume. *De facto*, les juristes de l'époque théorisent que l'inaliénabilité ne s'impose que vis-à-vis du « grand domaine » (châteaux, terres) et non pour le « petit domaine » (meubles et bijoux notamment).

La Révolution française, quant à elle, a conduit au pillage des biens nationaux en particulier ceux de la Noblesse et du Clergé. Partant, les lois du 22 novembre et du 1er décembre 1790 ont réaffirmé le principe d'inaliénabilité. Le Code domanial révolutionnaire apporte deux nouveautés. Désormais, tous les biens appartenant à l'État relèvent du domaine national et sont inaliénables. Concernant les biens privés, la Déclaration des droits de l'homme et du citoyen de 1789 consacre le droit de propriété à l'article 17. Cette digression historique montre que la restitution des biens publics culturels n'est pas un acte anodin. Avant même d'aborder les autres questions qu'elle soulève, la restitution déroge au principe d'inaliénabilité des collections publiques

---

[1] Les rédacteurs de l'Edit ont sans doute tiré les leçons du Traité de Verdun conclu à la mort de Charlemagne en 843 qui avait conduit à un partage du territoire entre les trois fils héritiers.

[2] En vertu du droit d'ainesse, seuls le premier fils hérité des biens. Les autres fils ne recevaient qu'un « lot de consolations ». L'apanage consiste en une « portion du domaine royal que le souverain attribuait à un de ses frères ou de ses fils cadets, et qui devait revenir à la couronne après l'extinction des descendants mâles de l'apanagiste », disponible sur *www.cnrtl.fr*.

françaises consacré à l'article L. 451-5 du Code du patrimoine[1].

L'inaliénabilité dans les régimes étrangers – De nombreux États européens se sont inspirés du droit français pour protéger leurs biens culturels, dissuadant ainsi à accepter une restitution. Le principe d'inaliénabilité des collections publiques est par exemple reconnu dans les textes espagnols[2] et italiens[3] dans un sens très proche au droit français. Au Danemark, les cessions ne peuvent être réalisées qu'à titre gratuit – l'Agence du patrimoine interdisant aux musées de vendre leurs œuvres[4]. Les pays anglo-saxons se distinguent nettement de la vision française. Aux États-Unis par exemple, il n'existe pas de ministère de la Culture. Sous la gestion des établissements privés, les collections fédérales sont régies par des procédures spécifiques à chaque État[5]. Si les collections publiques ne peuvent être aliénées en principe, certains régimes ont adopté le « *deaccessionning* » (les États-Unis, le Royaume-Uni et les Pays-Bas entre autres). Par cette technique, les biens culturels sont retirés des collections publiques dans l'optique d'être vendus[6].

---

[1] C. patr., art. L. 451-5 : « Les biens constituant les collections des musées de France appartenant à une personne publique font partie de leur domaine public et sont, à ce titre, inaliénables ».

[2] Loi n°16 du 25 juin 1985 relative au patrimoine historique espagnol.

[3] Décret n° 42 du 22 janvier 2004 portant Code des biens culturels et du paysage.

[4] Sénat, *Étude de législation comparée n° 191, L'aliénation des collections publiques*, 10 décembre 2008, p. 13.

[5] PERROT (X.), « L'inaliénabilité des collections publiques et la restitution des œuvres d'art », *RDP*, 2017, n°3, p. 599.

[6] Sur cette question CORNU (M.), FROMAGEAU (J.), POLI (J. F.), TAYLOR (A.-C.), *L'inaliénabilité des collections, performances et limites ?*, L'Harmattan, coll. Droit du patrimoine culturel et naturel, Paris, 2012, 298 pp.

Précisions terminologiques – Du latin *restitutio* qui signifie « restauration » ou « reconstruction », le terme de « restitution » est polysémique. Dans une acception commune, « restituer » c'est rendre une chose dérobée ou retenue indûment à son propriétaire légitime. Parler de « restitution » revient à porter un jugement moral sur le propriétaire du bien qui, le plus souvent, l'aurait volé lors d'un conflit armé. Afin d'éviter d'employer le terme « restituer » – sujet à de vives controverses – certains utilisent un terme plus neutre comme « rendre »[1] le bien culturel, autoriser son prêt renouvelable[2], ou encore organiser son retour[3].

La restitution n'est pas la correction d'une « simple » erreur, celle-ci ne se situant pas sur le terrain exclusivement juridique. En effet, il peut être question d'une erreur politique, diplomatique, morale, factuelle ou encore historique. Aussi, le fait de restituer ne se limite pas à un transfert de propriété. Il induit le retour d'un matériau historique dans son pays d'origine, participant ainsi à la reconstruction mémorielle d'un Etat, d'un peuple ou d'une civilisation. Depuis l'Antiquité, la saisie d'œuvres d'art est d'ailleurs le premier facteur de circulation des biens culturels[4].

---

[1] PIERRAT (E.), Faut-il rendre les œuvres d'art ?, C.N.R.S., coll. Débats, Paris, 2011, 128 pp.

[2] Décret n° 2011-527 du 16 mai 2011 portant publication de l'accord entre le Gouvernement de la République française et le Gouvernement de la République de Corée relatif aux manuscrits royaux de la Dynastie Joseon, signé à Paris le 7 février 2011 : « Le prêt est consenti pour une période de cinq ans renouvelable » (art. 1er).

[3] V. PROTT (L.) (dir.), *Témoins de l'Histoire – Recueil de textes et documents relatifs au retour des objets culturels*, UNESCO, coll. Art, musées et monuments, Paris, 2011, 466 pp.

[4] HERSHKOVITCH (C.), « La restitution des biens culturels – Fondements juridiques, enjeux politiques et tendances actuelles », *Ethnologies*, 2017, n°39, p. 104 ; Cicéron plaidait pour la restitution des œuvres d'art spoliées par Verrès à la province de Sicile. Ce gouverneur romain était accusé d'abus de pouvoir, de détournement de fonds et de vols d'œuvres d'art.

Enjeux de la restitution – Il n'existe à ce jour aucun texte légal en droit interne qui fait application de critères communs à la restitution de biens culturels. En effet, chaque restitution s'opère au cas par cas par le biais d'un accord bilatéral entre la France et le pays qui fait la demande. En outre, il n'existe pas un régime juridique à proprement parler, mais plutôt un *patchwork* de législations d'exceptions. C'est le cas par exemple de la restitution des têtes maories à la Nouvelle-Zélande[1] ou encore des biens pillés au Bénin et au Sénégal[2] lors de la colonisation.

Au-delà de l'aspect juridique, les enjeux de la restitution ont également une dimension morale. Le terme de « restitution » est davantage éthique que juridique dans la mesure où l'État détenteur est d'office désigné comme le propriétaire « illégitime » du bien culturel au détriment de l'État « victime ». Du point de vue de l'État spolié, la restitution paraît légitime puisqu'elle réintègre dans le patrimoine originel le bien qui a été pillé. Du point de vue de l'autre Etat en revanche, le bien pillé s'est intégré au patrimoine, devenant parfois un symbole des collections publiques de l'État. Le buste de Néfertiti détenu au *Neues Museum* à Berlin en est une parfaite illustration. Concernant l'État français, faut-il restituer toutes les œuvres pillées lors des conquêtes napoléoniennes ? Les œuvres exposées au Musée du quai Branly doivent-elles être rendues aux États africains ? Et peut-on traiter de la même manière des tableaux et des restes humains étrangers conservés dans les collections publiques françaises ?

---

[1] LOI n° 2010- 501 du 18 mai 2010 visant à autoriser la restitution par la France des têtes maories à la Nouvelle- Zélande et relative à la gestion des collections, JORF n°0114 du 19 mai 2010.

[2] LOI n° 2020-1673 du 24 décembre 2020 relative à la restitution de biens culturels à la République du Bénin et à la République du Sénégal, JORF n°0312 du 26 décembre 2020.

La question des restitutions des biens culturels soulève également des enjeux culturels. En effet, le bien culturel n'est pas un objet ordinaire, il est un marqueur d'identité, un témoignage du passé, un outil de transmission pour les générations futures. En cela, il n'est pas uniquement un bien meuble, mais un héritage de la Nation. Pour les citoyens, la restitution peut être perçue comme le symbole d'une nécessaire réparation voire d'une repentance. Du point de vue de l'Etat pillé, il est question de mettre fin à une appropriation[1], une spoliation[2], un vol[3], un pillage[4] ou encore à une dépossession massive d'œuvres d'art[5]. De surcroît, la restitution met en évidence des intérêts diplomatiques. Elle se comprend comme la reconnaissance de pillages ou – de manière plus édulcorée – comme un gage d'amitié entre les peuples, un renforcement des liens de collaboration entre les deux États. En revanche, il existe un risque majeur pour le patrimoine lorsque le caractère légitime ou non de la possession du bien culturel est écarté au seul bénéfice de faire un « cadeau diplomatique »[6].

---

[1] LAMBERT-ABDELGAWAD (E.), « Le Comité intergouvernemental de l'UNESCO pour la promotion du retour de biens culturels à leur pays d'origine ou de restitution en cas d'*appropriation* illégale : un bilan assez mitigé », *Revue de science criminelle et de droit pénal comparé*, 2012, n°1, p. 265 à 273.

[2] NOUAL (P.), « Spoliation et restitution d'œuvres d'art : le retour aux fondamentaux juridiques de l'ordonnance du 21 avril 1945 », *Petites affiches*, 2018, n° 227, p. 8 à 15.

[3] *Unidroit*, Convention d'Unidroit sur les biens culturels volés ou illicitement exportés, signée le 24 juin 1995 à Rome, non ratifiée à ce jour.

[4] CONCHON (M.), « La récupération des œuvres d'art et objets mobiliers pillés durant la Grande Guerre », *Revue des patrimoines*, 2014, n° 23, pp. 1-24.

[5] HERSHKOVITCH (C.), « La restitution des biens culturels – Fondements juridiques, enjeux politiques et tendances actuelles », *op. cit.,* p. 106.

[6] GIRARD-MUSCAGORRY (A.), « Les *regalia* du président: Autour des cadeaux diplomatiques ivoiriens de Valéry Giscard d'Estaing », *Les Cahiers de l'École du Louvre*, 2018, n°12, pp. 1-16.

Enfin, la restitution implique des enjeux économiques. Se délaisser d'un bien public culturel (surtout lorsqu'il est réputé) a un impact financier non seulement sur la fréquentation de l'établissement, mais surtout pour les recettes de l'État. Rarement évoquée, cette question est pourtant cruciale lorsque le bien réclamé est la pièce maîtresse d'un musée d'envergure, à l'instar de la pierre de Rosette. Réclamé par l'Égypte, ce bien est actuellement conservé au British Museum depuis 1802. Si l'Angleterre restituait ce témoignage historique unique[1], il est évident que les recettes de fréquentation du musée seraient impactées.

Approche des biens culturels – Qu'est-ce qu'un bien ? *Lato sensu*, il désigne un « objet possible de désirs ou besoin individuels des personnes, pouvant être satisfait ». En droit privé, le bien est « toute chose, caractérisée par sa rareté, dont l'utilité justifie l'appropriation (qu'elle soit corporelle ou incorporelle) ». Dans notre étude, la notion de « bien » est étrangère à la conception privatiste. D'une part, le fait qu'un bien soit « utile » ne justifie en aucune mesure l'appropriation. Ne pas restituer sur ce fondement reviendrait à légitimer le vol ou la spoliation. Si le bien appartient à la propriété de l'État français, cela ne doit pas se confondre avec la propriété privée. D'autre part, l'expression « bien commun » désigne rarement un bien matériel. Il désigne, dans la majorité des cas, un élément immatériel. La République (*Respublica*) est par essence un bien commun : construite sur l'idée d'une chose (*res*) qui est publique, commune à tous (*publica*).

Parmi l'immense diversité des biens existants, l'étude porte exclusivement sur les biens culturels. Ces derniers désignent « les biens meubles ou immeubles, qui présentent une grande importance pour le patrimoine culturel des peuples » ainsi que

---

[1] Prise de Champollion lors de la campagne égyptienne, la pierre est à l'origine de la découverte des hiéroglyphes et de leur signification.

« les édifices dont la destination principale et effective est de conserver ou d'exposer les biens culturels meubles » voire « les centres comprenant un nombre considérable de biens culturels »[1]. *De facto*, le bien culturel peut aussi bien désigner un meuble qu'un immeuble (monument, site archéologique, édifice, centre artistique) sans pour autant empêcher la restitution des biens qui y sont incorporés ou des ruines de cet immeuble. De surcroît, cette définition rappelle qu'un bien culturel est un élément du « patrimoine ». Celui-ci connait trois définitions : française, européenne et internationale.

Apparue au XIIe siècle, la notion de « patrimoine » (du latin *patrimonium*, héritage du père) définit – à l'origine – l'ensemble des biens hérités de la famille. Il est notable que la protection des biens culturels débute au sortir de la Révolution française. Aujourd'hui, « le patrimoine s'entend, de l'ensemble des biens, immobiliers ou mobiliers, relevant de la propriété publique ou privée, qui présentent un intérêt historique, artistique, archéologique, esthétique, scientifique ou technique. Il s'entend également des éléments du patrimoine culturel immatériel, au sens de l'article 2 de la convention internationale pour la sauvegarde du patrimoine culturel immatériel, adoptée à Paris le 17 octobre 2003 » (art. 1 du Code du patrimoine)[2].

Au niveau européen, la Convention de Faro de 2005[3] aborde le patrimoine comme un objet de droits[4].

[1] Art. 1er de la Convention de la Haye signée en 1954.

[2] Les articles L 111-1 et suivants du Code prévoient le régime de circulation des biens culturels. Le Code de l'urbanisme affirme que « le territoire français est le patrimoine commun de la Nation » adoptant ainsi une conception élargie de la notion de patrimoine (art. L 101-1).

[3] Convention-cadre du Conseil de l'Europe sur la valeur du patrimoine culturel pour la société, signée à Faro (Portugal) le 27 octobre 2005 et entrée en vigueur le 1er juin 2011.

[4] « Reconnaissant que toute personne a le droit, tout en respectant les droits et libertés d'autrui, de s'impliquer dans le patrimoine culturel de son choix

Paradoxalement, cette définition ne se situe plus sur le seul aspect patrimonial, mais plutôt par un aspect historique et symbolique[1]. Cette dernière permet une application la plus large possible pour contrôler l'authenticité des biens culturels, mais surtout pour lutter contre le trafic (marché noir, contrefaçons). Quant au droit international, l'UNESCO distingue le patrimoine culturel[2], le patrimoine naturel et le patrimoine culturel en situation de conflit armé. Partant, les « sites naturels ayant des aspects culturels tels que les paysages culturels, les formations physiques, biologiques ou géologiques » font pleinement partie du patrimoine culturel. Surtout, le droit international protège le patrimoine culturel en période de conflit armé depuis les années 1970[3].

---

comme un aspect du droit de prendre librement part à la vie culturelle » (Préambule de la Convention précitée).

[1] « un ensemble de ressources héritées du passé que des personnes considèrent, par-delà le régime de propriété des biens, comme un reflet et une expression de leurs valeurs, croyances, savoirs et traditions en continuelle évolution. Cela inclut tous les aspects de l'environnement résultant de l'interaction dans le temps entre les personnes et les lieux » (art. 2-a de la Convention).

[2] Se distinguent le patrimoine culturel matériel ; le patrimoine culturel mobilier (peintures, sculptures, monnaies, instruments de musiques, armes, manuscrits) ; le patrimoine culturel immobilier (monuments, sites archéologiques) ; le patrimoine culturel subaquatique (épaves de navire, ruines et cités enfouies sous les mers) ; ainsi que le patrimoine culturel immatériel (traditions orales, arts du spectacle, rituels).

[3] Depuis les années 1970, le sens du patrimoine a été largement étendu. Il ne se limite plus au cadre strict des éléments architecturaux remarquables, mais se consacre également au patrimoine écrit, notion qui recouvre aussi bien les manuscrits et livres rares que les collections constituées dans un but de conservation (à l'instar des fonds régionaux et des collections thématiques).

Les carences du droit international – Jusqu'à la moitié du XXe siècle, la question des restitutions des biens culturels était traitée dans le droit de la guerre. L'ordre Westphalien permettait aux États de s'approprier les biens culturels étrangers comme des « butins de guerre »[1] en toute légalité. Désormais les conventions internationales interdisent ces pratiques. La Convention de l'UNESCO de 1970[2] oblige tout État qui aurait acquis un bien culturel lors d'un conflit armé à le restituer à l'État d'origine. Toutefois, un État qui aurait pillé un bien culturel avant cette période est en parfaite légalité avec le droit international et aucun texte ne peut lui incomber la restitution. Le droit souple a toutefois permis de faire émerger une doctrine de restitution à l'échelle internationale[3].

Choix du sujet – Le choix du sujet de la restitution des biens culturels s'explique pour différentes raisons. Ce sujet est passionnant, car il nécessite à la fois de connaître le Droit public (notamment le Code du patrimoine, le Code général de la propriété des personnes publiques et le droit administratif des biens), l'Histoire du Droit (pour comprendre le mécanisme de l'appropriation publique et l'évolution du principe d'inaliénabilité des biens publics culturels entre autres) et dans une moindre mesure l'Histoire de l'art (pour connaître les artistes qui ont milité en faveur de la restitution

---

[1] *Le Monde*, DAGEN (P.), « L'art butin de guerre », 17 août 2017 ; LEMAITRE (F.), « L'art, butin de guerre : le mutisme des musées », 17 août 2017, disponibles sur *www.lemonde.fr*.

[2] *Unesco*, Convention concernant les mesures à prendre pour interdire et empêcher l'importation, l'exportation et le transfert de propriété illicites des biens culturels, signée le 14 novembre 1970 à Paris, entrée en vigueur le 24 avril 1972 et ratifiée par la France le 7 janvier 1997. C'est la première convention internationale non liée au droit de la guerre visant à protéger les biens culturels.

[3] Pour preuve, la conférence de Washington de 1998 sur les biens spoliés pendant l'Holocauste a permis l'adoption des « Principes de Washington sur les œuvres d'art confisquées par les nazis » qui constituent aujourd'hui une référence pour l'action de 44 Etats et de leurs musées.

ainsi que les œuvres concernées[1]). Si les revendications patrimoniales existent depuis l'Antiquité, le débat autour des restitutions de biens culturels connaît un regain d'intérêt en France au XXIe siècle.

Le discours du Président Emmanuel Macron du 28 novembre 2017 en est une parfaite illustration. Plus globalement, le mouvement des *communs* dépasse le clivage entre les restitutionnistes et les anti-restitutionnistes, et invite à abandonner la vision propriétariste du patrimoine.

Droit ou droits des restitutions ? – Souvent abordée par le prisme internationaliste, la restitution des biens culturels n'en est pas moins un sujet de droit public interne. Il s'agit de concilier ce sujet avec l'état du droit français. Par ailleurs, il a été choisi d'étudier uniquement la restitution des biens culturels qui quittent la France au profit d'un État étranger. En effet, s'il existe des biens qui retournent en France, ils demeurent extrêmement rares et ne font l'objet d'aucun débat en la matière. La doctrine juridique sur les restitutions est en outre toujours associée aux biens qui sont revendiqués par l'Étranger à la France et non l'inverse.

Par nature, l'opération de restitution est le fruit d'une relation bilatérale entre l'État français et un État étranger. Si les institutions intergouvernementales et les conventions internationales ont une influence certaine sur les restitutions, il reste que le sujet est éminemment politique et diplomatique et touche à la souveraineté. Toutefois, l'étude sera également ouverte aux restitutions entre la France et un acteur qui ne soit pas un Etat (une association dans le cadre d'un contentieux, un particulier dans le cadre d'une revendication patrimoniale). À titre d'exemple, la restitution des œuvres d'art spoliées aux

[1] Parmi les artistes ayant milité en faveur de la restitution des biens culturels peuvent notamment être cités Vivant Denon, Goethe, Antonio Canova, Stendhal et Jacob Grimm.

juifs durant la Seconde Guerre mondiale est particulièrement intéressante [1]. Le choix a été fait de traiter l'approche propriétariste de la restitution dans une première partie et l'approche domaniste dans une seconde. Le fait que l'État soit le propriétaire assure en effet sa pleine disposition du bien culturel et donc sa prérogative de le restituer ou non à l'étranger. *A contrario*, si l'État n'est que le gardien du bien, son droit de garde l'empêche de le déclasser et de le désaffecter à son gré.

Toutefois, cette vision manichéenne se heurte à la réalité du « droit des restitutions ». En effet, au cours des recherches, le constat a été fait que ces deux approches n'étaient pas tellement opposées, mais plutôt complémentaires. Si l'État est propriétaire, cela ne signifie pas qu'il a la faculté de refuser toute restitution du fait de l'existence de conventions internationales pour lesquelles la France est signataire. En sus, les biens culturels font l'objet d'une protection spécifique qui contraint l'État à certaines obligations. Quant à l'approche domaniste, elle ne se limite pas à l'idée de la garde du bien. À ce jour, les règles de la domanialité publique en matière de biens culturels verrouillent toute possibilité d'un régime unique de restitution avec des critères communs. En outre, l'approche propriétariste appelle l'approche domaniste et réciproquement, d'où la vigilance à ne pas être redondant dans le traitement des deux parties.

Enfin, la restitution par la France des biens culturels aux Etats étrangers invite, plus globalement, à faire le lien entre le Droit et l'Art. Originellement, le Droit public comme l'Histoire de l'art sont deux sciences sociales, mais surtout deux outils à destination du pouvoir. Cela étant, l'époque

[1] *Cf.* LOI n° 2022-218 du 21 février 2022 relative à la restitution ou la remise de certains biens culturels aux ayants droit de leurs propriétaires victimes de persécutions antisémites, JORF n°0044 du 22 février 2022.

contemporaine a transformé leur vocation. N'étant plus des instruments de légitimation des gouvernants, le Droit public et l'Histoire de l'art sont à destination des citoyens, du public, des usagers. La restitution des biens culturels n'est plus un sujet réservé à une poignée de politiques et d'experts, mais s'est démocratisée pour faire pleinement partie du débat public. Le sujet des restitutions par l'État français confronte deux conceptions juridiques majeures. Si l'approche propriétariste – héritée du droit romain – s'oppose majoritairement à la construction d'un régime unique de restitution des biens culturels (partie I), l'approche domaniste est davantage encline à l'accepter et à le mettre en place sous couvert de refondre les critères prétoriens et légaux (partie II).

Partie I
Approche propiétariste de la restitution des biens culturels à l'étrangler

La restitution des biens publics culturels est avant tout une question de propriété publique. Le rapport entre biens culturels et puissance publique (section 1) tend à se redéfinir avec le concept des biens communs (section 2).

Section 1 : biens culturels et puissance publique

Éléments symboliques de la puissance publique, les biens culturels n'ont pas vocation à être rendus aux Etats étrangers. Dès lors, l'obligation pour un Etat de restituer ces biens semble poser problème au niveau national comme international. Si la France conserve une tradition d'appropriation publique des biens culturels (§1), la théorie de la souveraineté permanente sur les ressources renforce la légalité de cette pratique au niveau international (§2).

§1) Approche nationale : l'appropriation publique des biens culturels

Principe fondamental du droit domanial français, l'appropriation publique est le fruit d'une longue évolution (A). Celle-ci atteste de la convergence de l'appropriation publique avec le concept de souveraineté culturelle (B). En sus, l'appropriation publique des biens culturels redéfinit la notion de propriété publique notamment en matière de restitution (C).

A- L'évolution du principe de l'appropriation publique en matière culturelle

Fruit d'un processus historique, la technique de l'appropriation publique en matière culturelle est un héritage du droit romain (1). Renforcé à l'époque féodale et durant l'Empire (2), ce principe est théorisé par la doctrine libérale à la Révolution française (3).

1- Un héritage du droit romain

Régulièrement présentée comme une « exception culturelle » [1], la France détient un patrimoine historique, archéologique et artistique hors du commun. Propriétaire des biens culturels des établissements nationaux, elle peut également compter sur les collections présentes dans plus de 1200 « Musées de France »[2]. Compte tenu de la quantité et de la diversité des biens culturels en France, il est à ce jour difficile de donner un chiffrage précis de ces derniers[3]. Cela étant, les demandes de restitutions de biens culturels à la France par les États étrangers invitent à regarder leur mode d'acquisition : l'appropriation publique. Celle-ci désigne à la

---

[1] En 2018, 49 % des touristes internationaux déclarent avoir pratiqué la visite de sites culturels, un niveau proche de 2017 (51 %) mais en baisse par rapport à 2016 (60 %). *Cf.* « Pratiques, usages et consommations » *in Chiffres clés, statistiques de la culture et de la communication 2020* disponible sur *www.culture.gouv.fr.*

[2] *Cf. www.culture.gouv.fr* – Appellation « Musée de France ». Est considéré comme *Musée de France* « toute collection permanente composée de biens dont la conservation et la présentation revêtent un intérêt public et organisée en vue de la connaissance, de l'éducation et du plaisir du public » (art. L. 410-1.). *Cf.* LOI n° 2002-5 du 4 janvier 2002 relative aux musées de France, JORF n°4 du 5 janvier 2002.

[3] « Tous les biens ne peuvent être inventoriés en particulier ceux qui sont « présumés détruits ». *Cf.* CRDOA, *Rapport d'activité 2019 de la commission de récolement des dépôts d'œuvres d'art*, Paris, septembre 2020, p. 20.

fois le processus et le mécanisme juridique permettant d'incorporer un bien au patrimoine de l'État[1].

Contrairement à une idée reçue, l'appropriation des biens culturels n'est pas forcément le fruit de vols. En effet, certains biens ont pu être intégrés dans le patrimoine français suite à des dons, des legs, des cadeaux diplomatiques, des échanges voire des pillages, des butins de guerre – pratique autorisée pendant des siècles par le droit international. La problématique du retour des biens culturels s'explique principalement par un processus historique de captations patrimoniales[2]. Dès l'Antiquité, l'Empire romain pillait les biens culturels des territoires conquis lors des guerres. Considérées comme des « butins de guerre », ces œuvres d'art ont ensuite été incorporées dans la propriété de l'Empire. Si de nos jours, la Convention de 1970 de l'UNESCO interdit de telles pratiques en exigeant leur restitution immédiate aux États étrangers, il n'en était rien à l'époque. Au contraire, l'appropriation publique des biens est ancrée fondamentalement dans les mœurs, s'envisageant comme un corollaire de la puissance publique. Au VIIe siècle avant notre ère, « le roi Assurbanipal se félicite d'avoir récupéré des statues prises mille six cents ans plus tôt »[3].

A priori, la notion même de « restitution » paraît anachronique au sens où ces butins de guerre n'avaient aucune vocation à être rendus en vertu de l'usucapion[4] et que cette

---

[1] Dans une acception commune, l'appropriation s'entend comme « l'action de s'approprier une chose, d'en faire sa propriété », CNRTL, occ. "Appropriation", disponible sur *www.cnrtl.fr*.

[2] Sur ce point notamment : SARR (F.), SAVOY (B.), *Rapport sur la restitution du patrimoine culturel africain, Vers une nouvelle éthique relationnelle*, novembre 2018, p. 4.

[3] *Le Monde*, « L'art, butin de guerre », Entretien. Bénédicte Savoy, professeure d'histoire de l'art, 17 août 2017, disponible sur *www.lemonde.fr*.

[4] Principe selon lequel « la possession vaut titre ».

pratique faisait pleinement partie de la coutume de la guerre[1]. Toutefois la réalité réfute en partie cette analyse. Comme le souligne Kowalski « les concepts de *restitutio in integrum* et de restitution font partie de la pensée juridique depuis l'élaboration du droit romain »[2]. La restitution s'entend comme « le rétablissement de la situation préexistante »[3]. Sur ce point, notons que l'expression *restitutio in integrum* a pris une autre dimension avec le droit international actuel au sens où elle implique de définir « l'objectif de la responsabilité de l'État ; chaque violation de l'intérêt d'un autre sujet crée l'obligation de restaurer le *statu quo* antérieur »[4].

Outre la licéité des pillages par la coutume de la guerre, le droit romain permettait l'appropriation publique en reconnaissant un principe de bonne foi du possesseur. Notons qu'en droit anglo-saxon « le vol ne peut pas conférer de droit légitime au voleur sur l'objet volé et il n'est pas possible de transférer à un autre un droit que l'on ne possède pas soi-même »[5]. Autrement dit, la présomption joue en faveur de la victime volée, en application du principe *nemo dat quod non*

---

[1] L'expression « droit de la guerre » est utilisée seulement à partir de 1907 dans les Conventions de La Haye. Le droit de la guerre regroupe l'ensemble formé par les conventions de La Haye, dont les plus connues sont celles du 18 octobre 1907 concernant d'une part les lois et coutumes de la guerre sur terre, et d'autre part la pratique de la guerre maritime.
Cf. www.defense.gouv.fr rubrique – « Droit des conflits armés ».

[2] KOWALSKI (W. A.), « La "restitution" : Les grandes œuvres d'art et la guerre » *in* V. PROTT (L.) (dir.), Témoins de l'Histoire – Recueil de textes et documents relatifs au retour des objets culturels, éd. brochée, coll. Art, musées et monuments, 2011, p. 174.

[3] L'absence du qualificatif juridique de la part de l'auteur témoigne le fait que la restitution n'est pas simplement une question de transfert de patrimoine.

[4] KOWALSKI (W. A.), « La "restitution" : Les grandes œuvres d'art et la guerre », *op. cit.*, p. 174.

[5] GAY (A.), *La restitution des biens culturels à leur pays d'origine- Un débat au carrefour entre le droit, la politique et la morale*, Université lumière Lyon 2, 2013, p. 30.

habet (« personne ne donne ce qu'il ne possède pas »). La restitution est de droit si le possesseur du bien culturel n'est pas capable de démontrer qu'il a acquis ledit bien de manière licite.

En revanche, le droit romain protège le propriétaire que l'on soit en période de conflit armé ou non ce qui favorise l'appropriation publique, et ce, de manière rétroactive. La bonne foi présumée du propriétaire résulte simplement de la possession « continue » du bien culturel[1]. En mentionnant « en fait de meubles, possession vaut titre »[2] dans le Code civil, le législateur a maintenu la prescription acquisitive pour les biens culturels mobiliers. Encore aujourd'hui, l'appropriation publique fait du propriétaire le meilleur allié du temps – à l'exception des œuvres classées MNR[3] et des biens culturels subaquatiques[4]. Ainsi, l'appropriation publique des biens culturels par la France n'est qu'une émanation de l'idéologie propriétariste héritée du droit romain. Si le terme *restitutio* existait à l'époque, il ne s'est jamais traduit par des opérations de retour des biens aux États étrangers. L'*imperium* c'est-à-dire le « monopole de la contrainte qu'exerce l'État » se manifestait notamment sur son patrimoine culturel.

---

[1] *Idem.*

[2] « En fait de meubles, la possession vaut titre. Néanmoins, celui qui a perdu ou auquel il a été volé une chose peut la revendiquer pendant trois ans à compter du jour de la perte ou du vol, contre celui dans les mains duquel il la trouve ; sauf à celui-ci son recours contre celui duquel il la tient » (Code civil, art. 2276).

[3] Les Musées nationaux de récupération (MNR) désignent les œuvres spoliées par l'Allemagne nazie devenues sans propriétaire. Si la majorité d'entre elles a été restituée, certaines furent vendues par les Domaines, les autres étant confiées à la garde des musées nationaux. Il en existe 2000 environ.

[4] *Cf.* « La catégorisation des biens culturels susceptibles de propriété » *in* C- La redéfinition de la propriété publique.

2- Les apports de l'époque féodale et de l'Empire

Les apports de l'époque féodale – Si le monopole de l'État sur ses biens culturels découlait de sa puissance publique en droit romain (*imperium*), l'époque féodale réduit le patrimoine culturel à une simple propriété foncière (*dominium*) [1] . Autrement dit, l'Etat demeure l'unique propriétaire de son patrimoine culturel, mais son pouvoir se délite progressivement conduisant « à la disparition de l'État à la fin du Xe siècle »[2].

Aucun texte de l'époque féodale ne fait apparaître le terme « restitution » dans son acceptation culturelle. Cela étant, les médiévistes distinguent trois concepts qui s'en rapprochent connus sous le nom de « translations ». Selon ses adeptes, l'Histoire n'est pas celle que l'on impose ou que l'on tente d'imposer par la force, mais « une succession linéaire de transferts de connaissances ou d'apprentissage d'un lieu géographique et d'un temps à un autre ». Partant, les historiographes ont décliné ce concept en trois catégories (« translations ») à savoir la *translatio imperii* (« transfert du pouvoir »), la *translatio artium* (transfert des arts) et la *translatio studiorum* (« transferts des savoirs et des centres d'études »). Contrairement au droit romain qui rendait la restitution des biens culturels impossible de par son rapport « sacré » à la propriété, l'époque féodale semble plus disposée à l'accepter – en l'envisageant non pas comme une dépossession, mais comme un « transfert d'apprentissage » (*translatio studii*).

Si l'on envisage la restitution des biens culturels non pas sous l'angle propriétariste, mais à l'aune de ce concept de « transfert des arts » (*translatio artium*) alors la restitution ne semble plus impossible. Toutefois, nul ne peut affirmer avec certitude que les théoriciens intégraient la restitution des biens

---

[1] BETTIO (N.), *La circulation des biens entre personnes publiques*, LGDJ, coll. Bibliothèque de droit public, t. 265, Paris, 2011, p. 438.

[2] *Idem.*

culturels dans cette théorie. La perte des matériaux historiques ne permet pas de savoir si cette thèse était partagée à l'époque ni même si elle était connue. Cela étant, le concept médiéval « des translations » semble être précurseur à l'heure des discussions sur les « communs » en droit des biens[1].

Les apports de l'Empire – L'idéologie propriétariste en matière de biens culturels a trouvé son apogée durant l'Empire. En effet, Napoléon « a été un des plus grands acteurs de pillage d'œuvres d'art. Il a pillé à travers l'Europe partout où il est allé combattre : l'Égypte, la Russie, la Prusse, l'Italie (entre autres) »[2]. À cette époque, c'est l'empereur qui personnifie l'institution étatique et qui en sa qualité de « maître du monde » unifie le monde romain par son *imperium* qui désigne à la fois le pouvoir législatif et le pouvoir exécutif[3]. Partant, Napoléon a imaginé le Musée du Louvre comme un « musée encyclopédique » à savoir un lieu où seraient exposées « des œuvres du monde entier »[4]. Le tableau « Les Noces de Cana » de Véronèse en est l'exemple le plus illustre. Pillé par Napoléon aux Italiens, il figure toujours au Musée du Louvre à Paris[5]. Si la question de sa restitution à l'Italie avait été étudiée lors du Congrès de

[1] *Cf.* Section 2 : Bien culturels et biens communs.
[2] GAY (A.), *La restitution des biens culturels à leur pays d'origine- Un débat au carrefour entre le droit, la politique et la morale*, Université lumière Lyon 2, 2013, p. 19.
[3] BETTIO (N.), *La circulation des biens entre personnes publiques*, LGDJ, coll. Bibliothèque de droit public, t. 265, Paris, 2011, p. 439.
[4] GAY (A.), *La restitution des biens culturels à leur pays d'origine*, *op. cit.*, p. 6.
[5] Ce tableau avait été commandé pour orner le mur du réfectoire du monastère bénédictin de San Giorgio Maggiore à Venise, mais il fut décroché de sa paroi par les commissaires de Napoléon lors de la première campagne d'Italie le 11 septembre 1797 et pris aux vénitiens.

Vienne de 1815[1], cette dernière n'a jamais eu lieu pour des raisons techniques[2].

Cette illustration montre qu'un régime de restitution est difficile à codifier. Les biens culturels étant par nature singuliers et donc difficiles à concilier avec des catégories juridiques, la casuistique semble être l'unique moyen de traiter le problème. C'est pourquoi le débat sur la restitution est davantage nourri par les artistes que par les juristes. Dans son *Histoire de la peinture en Italie* (1817), Stendhal s'interrogeait par exemple sur le sort des œuvres italiennes emportées en France par les armées du consulat et de l'Empire.

Lors du Congrès de Vienne, les États spoliés par Napoléon et les diplomates s'emparent de ces théories[3]. À l'époque, le pillage ne relève pas d'un délit, mais fait partie de la « conquête artistique » [4]. En 1814, les États pillés par Napoléon dressent des listes d'objets à réclamer. Finalement, plus de 2100 objets[5] sont restitués par la France aux pays alliés à la chute de l'Empire. La Révolution française accélère ce processus. Sans le savoir, les juristes libéraux théorisent les prémisses d'une doctrine de la restitution.

---

[1] En 1815, le Congrès de Vienne a mis un terme au pillage des spoliations napoléoniennes – considérées comme les plus importantes de l'Histoire.

[2] Du fait de sa dimension monumentale (6,66 x 9,9 M), il a été décidé que l'œuvre resterait dans les collections françaises afin de ne pas prendre le risque d'une dégradation lors du transport. En guise d'échange et de réparation, une toile de Charles Lebrun a était offerte à l'Italie, *cf.* GAY (A.), La restitution des biens culturels à leur pays d'origine, *op. cit.*, p. 20-21.

[3] *Le Monde*, « L'art, butin de guerre » par Philippe Dagen, 17 août 2017, disponible sur *www.lemonde.fr*.

[4] *Le Monde*, « L'art, butin de guerre », Entretien. Bénédicte Savoy, professeure d'histoire de l'art, 17 août 2017, disponible sur *www.lemonde.fr*.

[5] KAIRIS (P-Y.), Note sur les tableaux enlevés à la Belgique en 1794 et restitués (ou non) en 1815, 18 juin 2016, disponible sur *www.latribunedelart.com*.

3- La théorisation libérale depuis la Révolution française

Propriété des biens culturels à la Révolution française – En réaction à la puissance du souverain dans l'Ancien Régime, les revendications matérielles individuelles (en particulier des biens culturels) se sont imposées. D'une part, la Révolution a conduit au pillage des biens nationaux, du Clergé et de la Noblesse ce qui prête à penser que la notion de bien public culturel serait affaiblie. Pour autant, cette image de la Révolution conduit à un raccourci idéologique de rupture totale avec le droit antérieur de la propriété publique. En effet, l'émergence d'un « pouvoir de l'Etat libéral sur la propriété » comme le souligne Bettio « s'est largement inspirée des principes juridiques et doctrinaux établis sous l'Ancien régime »[1].

Partant, l'État libéral à la fin du XVIIIe siècle s'est érigé comme une « propriété éminente »[2]. Autrement dit, l'État n'est pas qu'un propriétaire parmi les autres propriétaires, mais dispose de prérogatives de propriété plus étendues sur ses biens, notamment du domaine public[3]. Le « droit de la restitution » n'est donc pas apparu *ex nihilo* avec la Révolution française. Bien qu'objet de critiques virulentes, l'idéologie propriétariste connaît un changement de paradigme seulement au XXe siècle. Pour reprendre les termes du juriste Hugo Grotius, le « droit de

---

[1] BETTIO (N.), *La circulation des biens entre personnes publiques*, LGDJ, coll. Bibliothèque de droit public, t. 265, Paris, 2011, p. 456.
[2] BIOY (X.), « La propriété éminente de l'Etat », *RFDA*, 2006, n°5, pp. 963-980.
[3] *Ibid.*, p. 965.

s'approprier ce qui a été pris sur l'ennemi »[1] est une pratique licite et codifiée, et ce jusqu'à la fin du XIXe siècle[2].

Doctrine « restitutionniste » depuis le XXe siècle – Pour terminer sur cet historique, il faut soulever que les deux conflits mondiaux ont réactivé la question des restitutions des biens culturels aux États étrangers. D'un point de vue terminologique, le terme de « spoliation » remplace le terme de « pillage »[3] pour les biens culturels des juifs captés par l'administration vichyste et nazie. La restitution de ce type de biens faisant l'objet d'une catégorie juridique spécifique[4]. Par conséquent, l'appropriation publique des biens culturels n'est pas un principe figé, mais la résultante d'un processus historique. L'enrichissement des collections n'a pas qu'une finalité économique, mais s'inscrit dans une logique de puissance, justifiant le rapprochement entre appropriation publique et souveraineté culturelle.

B- Convergence entre appropriation publique et souveraineté culturelle

Le lien entre appropriation publique et propriété publique est avéré en matière de restitution des biens culturels. Plus qu'un transfert de propriété, l'opération de restitution porte atteinte à la souveraineté culturelle. Après avoir précisé certains éléments terminologiques indispensables (1), l'étude cherchera à

---

[1] GROTIUS (H.), *Le Droit de la guerre et de la paix (De jure belli ac pacis)*, Buon, Paris, 1625, livre III, chap. 5- 6 ; voir MURAVYEVA (M.), « "Ni pillage ni viol sans ordre préalable". Codifier la guerre dans l'Europe moderne », *Clio. Femmes, genre, histoire*, 2014, n°39, pp. 55-81.

[2] SARR (F.), SAVOY (B.), *Rapport sur la restitution du patrimoine culturel africain, Vers une nouvelle éthique relationnelle*, novembre 2018, p. 7.

[3] « Action de déposséder par violence ou par ruse; résultat de cette action », CNRTL, occ. "pillage", disponible sur *www.cnrtl.fr*.

[4] *Cf.* « La catégorisation des biens culturels susceptibles de propriété » in C- La redéfinition de la propriété publique.

uniformiser les approches doctrinales en vue d'une théorie de la restitution (2).

1- Éléments terminologiques

L'appropriation publique – Processus existant depuis l'Empire romain pour s'approprier les biens culturels étrangers, l'appropriation publique désigne également la technique juridique visant à reconnaître à l'État le transfert de propriété des captations patrimoniales. Selon Bergel « l'appropriation est ainsi le critère permettant d'attribuer à une chose la qualité juridique de "bien" » [1]. Si toute incorporation dans le patrimoine nécessite une identification de la chose, l'attribut « culturel » du bien lui confère une valeur difficilement identifiable. D'ailleurs, le terme de « bien culturel » ne connaît pas de définition unanime du fait de la subjectivité attachée à ce qu'on entend par « culturel » [2]. À défaut d'une définition unique, la doctrine a pu toutefois s'entendre sur certains éléments terminologiques. Les biens culturels désignent les « ressources intangibles (intellectuelles) qui renvoient aux formes ou expressions culturelles partagées et gérées par les membres d'une communauté : symboles, styles, connaissance, genres artistiques et littéraires, croyances, rites, coutumes et autres formes culturelles immatérielles[3]. Ainsi, le « bien culturel » concerne un bien corporel qui revêt un intérêt historique, artistique, archéologique, esthétique, scientifique, ou technique[4] et qui fait l'objet d'une protection spécifique.

---

[1] BERGEL (J.-L.), *Le droit des biens*, PUF, coll. Que sais-je ?, 3ème éd, Paris, 1996, p. 3.

[2] DEBAT (O.), SAUNIER (S.), *L'image des biens publics culturels, Regards croisés entre droits public et privé*, Lexisnexis, Paris, 2020, p. 4.

[3] CORNU (M.), L'image des biens culturels au prisme des théories des communs, *op. cit.*, p. 72.

[4] Pour reprendre la formule consacrée à l'article L1 du Code du Patrimoine et reprise à l'article L. 2112-1 du CGPPP.

L'appropriation culturelle – Depuis quelques années, l'expression « appropriation culturelle »[1] est régulièrement utilisée dans le débat public sur la restitution notamment par ceux qui souhaitent que les biens culturels pillés retournent à leurs pays d'origine. Toutefois, cette expression n'a jamais été consacrée ni même définie par la doctrine. *Leitmotiv* de certains lobbys communautaires à l'image du CRAN[2] et reprise par les médias, l'acception tient davantage à la légitimité de l'Etat à conserver des œuvres qui ont été pillées[3] plutôt qu'au mécanisme d'appropriation publique. L'occasion de rappeler la dualité entre propriété légale et propriété légitime[4]. Comme le rappelle Marie Cornu, les biens culturels intéressent « au-delà des enjeux propriétaires, la collectivité tout entière »[5]. Même lorsque ces biens ont fait l'objet d'une appropriation, l'État a une obligation de les protéger, car ils sont porteurs d'une valeur particulière. Cela évite que la France ne restitue sans condition à des États qui n'auraient pas les moyens (financiers, techniques ou humains) de conserver des œuvres d'art au seul prétexte que le bien ait été pillé il y a des décennies voire des siècles. Plus qu'une propriété

---

[1] *Le Figaro,* « C'est quoi l'appropriation culturelle ? », 1er mai 2019, disponible sur *www.lefigaro.fr*.

[2] CRAN : Conseil représentatif des associations noires. Association créée en 2005 visant à « lutter contre les discriminations que subissent les populations noires en France » disponible sur *www.le-cran.fr.* Cette association amène la question des restitutions en France en 2013.

[3] « L'appropriation culturelle, c'est lorsqu'un emprunt entre les cultures s'inscrit dans un contexte de domination » *Le Monde*, Interview d'Eric Fassin, 24 août 2018, disponible sur *www.lemonde.fr*. L'expression s'inscrit dans une critique de la manière dont les Etats occidentaux font sien des coutumes des civilisations étrangères.

[4] *Cf. « Propriété légale et propriété légitime » in C- La redéfinition de la propriété publique.*

[5] CORNU (M.), « L'image des biens culturels au prisme des théories des communs » *op. cit., in* DEBAT (O.), SAUNIER (S.), *L'image des biens publics culturels, Regards croisés entre droits public et privé*, Lexisnexis, 2020, p. 53.

juridique il y aurait donc une « propriété artistique » pour reprendre les termes de Saleilles[1]. Le fait que des biens aient été appropriés ne décharge pas l'État de ses obligations de protection du patrimoine, ce qui invite à remodeler la notion de souveraineté dans le cadre des restitutions.

La souveraineté – Si la restitution des biens culturels a des liens avérés avec la propriété[2], sa conciliation avec le concept de souveraineté paraît moins évidente. Par souveraineté, on entend la qualité propre de l'État qui possède le pouvoir suprême impliquant l'exclusivité de la compétence sur le territoire national et son indépendance sur le plan international[3]. La complexité de construire une doctrine de la restitution justifie le fait qu'il s'agit d'une question de souveraineté. Confronter le sujet de la restitution des biens culturels aux théories de la souveraineté permet d'expliquer cette difficulté[4].

Théorisé par Rousseau au XVIIIe siècle, le concept de souveraineté populaire désigne le peuple comme le seul titulaire du pouvoir. Or, si le débat sur les restitutions peut intéresser la collectivité dans son ensemble, le retour de ces biens ne mobilise pas tellement les citoyens. Si chaque citoyen est usager du service public culturel, il ne peut intervenir dans le processus de restitution. Seuls quelques représentants d'intérêts comme des associations, des personnalités scientifiques ou techniques (conservateurs de musées nationaux, spécialistes) sont habilités à fournir une expertise lors des retours de biens culturels aux États étrangers. De la

---

[1] *Idem.*

[2] Voir *Supra.*

[3] CNRTL, occ. « Souveraineté », disponible sur *www.cnrtl.fr.*

[4] La théorie de la « souveraineté royale » de Jean Bodin sera cependant écartée – aucun rapprochement ne pouvant être fait avec le sujet des restitutions.

même manière, il n'y a jamais eu de dispositif de participation du public (*a fortiori* de *referendum*) pour savoir si une œuvre d'art devait être restituée à son pays d'origine. À défaut d'être « populaire », la question des restitutions toucherait-elle la souveraineté nationale ?

Dans son ouvrage *Qu'est-ce que le Tiers État ?* de 1789, Sieyès justifie le fait que le pouvoir n'appartient pas au peuple, mais à la Nation. S'inscrivant dans un régime représentatif, les élus détiennent le pouvoir de décision. Dans le cadre des restitutions, il est en effet nécessaire qu'une loi soit adoptée par le Parlement. Toutefois, la pratique démontre une procédure balayée plutôt qu'un vote démocratique. L'adoption de la loi de restitution des biens culturels à la République du Bénin et à la République du Sénégal en est une parfaite illustration[1]. Pour rappel, cette loi fait suite à la promesse du Président Emmanuel Macron lors de son discours de Ouagadougou en 2017[2]. Saluée par la presse, les modalités d'adoption de cette loi sont toutefois discutables. En effet, sur un sujet aussi technique, il était attendu une large participation des députés et à des débats de qualité. Votée en première lecture le 6 octobre 2020 il ressort que seulement 49 votes sont favorables et 6 abstentions, ce qui correspond à 55 députés présents sur les 577 élus. L'Assemblée nationale fait donc office de chambre d'enregistrement sur un sujet particulièrement important puisqu'il conduit l'Etat à se défaire d'œuvres d'art majeures, et ce, de manière définitive et sans contrepartie[3].

---

[1] LOI n° 2020-1673 du 24 décembre 2020 relative à la restitution de biens culturels à la République du Bénin et à la République du Sénégal, JORF n°0312 du 26 décembre 2020.

[2] *Cf.* Introduction.

[3] Par ailleurs, l'adoption de la loi a écarté le Sénat qui y était majoritairement opposé. Le Sénat a voté à l'unanimité une nouvelle loi qui ne parle plus de « restitutions » mais de « retours » et qui crée un conseil consultatif. La

La souveraineté culturelle – La restitution des biens mobiliers culturels est un sujet qui impacte une souveraineté spécifique qui peut être qualifiée de souveraineté culturelle. Pour preuve, la France a longtemps montré ses collections publiques dans des musées dits « encyclopédiques ». Ces établissements culturels montrent des œuvres d'art du monde entier avec une vocation universaliste [1]. Ils permettent également de montrer la puissance culturelle de la France à travers le monde. Les revendications patrimoniales remettent en cause ce modèle notamment concernant le Musée de quai Branly. À l'heure de la mondialisation, les atteintes au modèle culturel français se font ressentir. Dans un article du *Monde diplomatique* de 1989, Schiller s'interrogeait à ce titre sur la disparition potentielle de la souveraineté culturelle [2]. Pour cause, les restitutions par la France de biens culturels à l'étranger se sont accélérées sous la Ve République donnant forme à un *patchwork* de législations d'exceptions[3]. En effet, la création d'un régime commun serait un moyen pour l'État d'organiser sa propre dépossession, d'ouvrir la « boîte de Pandore » à des demandes de restitutions en chaîne qu'il serait contraint d'honorer. Toutefois, la notion de « souveraineté culturelle » semble être davantage réservée à des domaines spécifiques comme l'audiovisuel et le cinéma[4]. Les concepts

---

commission paritaire mixte n'étant pas parvenue à un compromis il s'agit d'une loi de « restitutions » votée par l'Assemblée nationale.

[1] Parmi les défenseurs de ce modèle controversé, James Cuno (Directeur de l'Art Institute de Chicago, à la tête du J. Paul Getty Trust) qui conteste l'idée selon laquelle le musée serait « « appareil idéologique d'État ». Selon lui, le musée est à destination des usagers du service public culturel. *Cf.* JOUVENET (M.), « Le musée encyclopédique dans la controverse sur les restitutions d'œuvres et objets d'art anciens. Enjeux et propositions pour une enquête sociologique », *Sociologie de l'Art*, 2016, n°25, p. 202.

[2] SCHILLER (H.), « Faut-il dire adieu à la souveraineté culturelle ? », *Le Monde diplomatique*, 1989, n° 425, pp. 10-11.

[3] Annexe 1.

[4] A titre d'exemples : *Le Monde*, « "La souveraineté culturelle" passe par le cinéma », 12 avril 2020, disponible sur *www.lemonde.fr ;* « Projets de loi

étant posés, il convient dès lors de proposer une uniformisation des différentes approches afin de développer une véritable théorie de la restitution.

2- Uniformisation des approches doctrinales

La divergence entre l'appropriation publique et la souveraineté culturelle tient davantage à une différence de degré que de nature. En matière de restitution des biens publics culturels, les deux approches ont tendance à se confondre en une théorie unique de restitution. Comme le rappelle Bettio « la distinction entre l'appropriation (*dominium*) et la souveraineté (*imperium*) » n'est plus pertinente aujourd'hui, cette dernière ayant quasiment disparu à la fin du Ve siècle »[1]. En effet, le mécanisme d'appropriation publique nécessite que l'État soit souverain. *A contrario*, la souveraineté – qui caractérise un État – lui permet de posséder et d'étendre son patrimoine. Dès lors, l'État français « qui s'empare d'une chose qui n'est à personne (*corpus*) avec l'intention de s'en considérer comme propriétaire (*animus*) le deviendra dès cet instant et par ce seul fait »[2]. Ce lien entre biens mobiliers et puissance publique[3] permet aux biens culturels d'être considérés comme « objectivement publics », c'est-à-dire qu'ils font partie du patrimoine public *ab initio* de

---

organique et ordinaire relatifs à la communication audiovisuelle et à la souveraineté culturelle à l'ère numérique », n° 2488, 5 décembre 2019.

[1] BETTIO (N.), *La circulation des biens entre personnes publiques*, LGDJ, coll. Bibliothèque de droit public, t. 265, Paris, 2011, p. 445 : En effet « les monarchies barbares qui considéraient les royaumes comme la chose de la famille royale, acquise par droit de propriété, transmise par succession privée et éventuellement partagée au gré des héritiers ».

[2] DROSS (W.), *Droit civil. Les choses*, LGDJ, Paris, 2012, p. 487.

[3] HERITIER (A.), THURIOT (F.), « Le patrimoine culturel et la souveraineté politique : une liaison en quête de sens », pp. 97-116 *in* GRMP (Groupe de Recherches sur les Musées et le Patrimoine), *Patrimoine et mondialisation*, L'Harmattan, coll. Administration et Aménagement du territoire, 2008, p. 97.

par leur nature[1]. Les cadeaux diplomatiques reçus par les chefs d'État en sont un parfait exemple. Ainsi, lors de sa visite diplomatique en Côte d'Ivoire en 1978, le Président de la République Valéry Giscard d'Estaing reçoit plusieurs objets en or et bois doré – symboles de son pouvoir en pays Akan[2]. Plus généralement, les musées incarnent cette confusion entre appropriation publique et souveraineté culturelle. Conçu comme un lieu de conservation du patrimoine national et universel[3], le musée « permet aux puissances européennes de mettre en scène leur aptitude à absorber et à classifier le monde »[4], *a fortiori* pour la France qui a fait de ses musées nationaux une vitrine culturelle[5] de premier plan. Ainsi, l'appropriation publique des biens culturels redéfinit la notion de propriété publique notamment en matière de restitution.

C- La redéfinition de la propriété publique

Repenser la propriété publique à la lumière des restitutions de biens culturels suggère de confronter propriété légale et propriété légitime (1) et d'opérer une catégorisation des biens culturels susceptibles de propriété (2).

---

[1] TARLET (F.), *Les biens publics mobiliers*, Dalloz, coll. Nouvelle Bibliothèque de Thèses, vol. 170, Paris, 2017, p. 262.

[2] GIRARD-MUSCAGORRY (A.), « Les *regalia* du président: Autour des cadeaux diplomatiques ivoiriens de Valéry Giscard d'Estaing », *Les Cahiers de l'École du Louvre*, 2018, n°12, p. 1 : En guise de marqueur de son intronisation, le chef d'État français reçoit plusieurs objets en or et en bois doré, associés à l'exercice du pouvoir en pays akan : un trône, une couronne, une paire de sandales, deux pendentifs, un sabre d'apparat, un chasse-mouches ainsi que trois cannes dites « de linguistes ».

[3] SARR (F.), SAVOY (B.), *Rapport sur la restitution du patrimoine culturel africain, Vers une nouvelle éthique relationnelle*, novembre 2018, p. 31.

[4] DESCOLA (P.), « Passages de témoins », *Le Débat*, 2007, n° 147, p. 138.

[5] C. Comptes, *La valorisation internationale de l'ingénierie et des marques culturelles, Le cas des musées nationaux, Communication à la commission des finances du Sénat*, 2019, p. 47, disponible sur *www.ccomptes.fr*.

1- Propriété légale et propriété légitime

Littéralement, « restituer » signifie rendre un bien à son propriétaire légitime [1]. Si les partisans de la restitution justifient que la propriété est une question de légitimité, les anti-restitutionnistes arguent le fait que les captations patrimoniales ont été – pour l'immense majorité – opérées légalement[2]. Dans cette optique, la restitution semble être un débat stérile confrontant deux légitimités contradictoires. Pour autant, les motifs juridiques des restitutions de biens culturels aux États se fondent davantage sur l'absorption de la propriété légale par la propriété légitime. Autrement dit, la restitution se fonde juridiquement sur une propriété légitime (le bien culturel fait partie de l'identité de la Nation « volée ») qui devient propriété légale (le bien culturel n'a jamais cessé d'appartenir au patrimoine de l'État). Par exemple « le fondement de la revendication des marbres par l'État grec est moins juridique qu'identitaire et patrimoniale »[3]. En effet, les arguments sont principalement esthétiques (reconstitution d'une œuvre d'art totale) et moraux (condamnation de la prédation coloniale)[4]. Parler de restitution n'efface donc pas la notion de propriété publique, mais vient la remodeler avec une éthique propre à notre époque. Restituer un bien public culturel c'est rendre invalide un « acte moralement répréhensible (vol, pillage, spoliation, ruse, consentement forcé entre autres) qui délégitime la propriété dont on se prévaut et la rend indue »[5]. Les prérogatives que confère la propriété (*usus, fructus* et *abusus*) retournent au propriétaire

---

[1] SARR (F.), SAVOY (B.), *Rapport sur la restitution du patrimoine culturel africain, Vers une nouvelle éthique relationnelle*, novembre 2018, p. 25.

[2] La pratique des butins de guerre étant légalement opérée depuis l'époque romaine (*cf.* §1-1).

[3] PERROT (X.), « L'inaliénabilité des collections publiques et la restitution des œuvres d'art », *RDP*, 2017, n°3, p. 599.

[4] *Idem.*

[5] SARR (F.), SAVOY (B.), *Rapport sur la restitution du patrimoine culturel africain, Vers une nouvelle éthique relationnelle*, novembre 2018, p. 25.

légitime du bien. Toutefois, les textes internationaux ne permettent pas à ce jour de contraindre juridiquement la France à restituer ces biens quand bien même leur propriété serait illégitime. Adoptée le 24 juin 1995 à Rome, la convention d'Unidroit [1] sur les biens culturels volés ou illicitement exportés affirme « le possesseur d'un bien culturel volé doit le restituer » (art. 3 al.1). En sus, est considéré comme volé « un bien culturel issu de fouilles illicites, ou licitement issu de fouilles, mais illicitement retenu » (art. 3, al. 2). Cette convention n'ayant jamais été ratifiée par la France, elle demeure lettre morte.

Cela étant, la Convention de l'UNESCO de 1970[2] fait de la restitution des biens culturels une obligation juridique[3]. En revanche, elle fonde cette obligation sur des éléments moraux en particulier dans la rédaction des considérants 4 et 5 de son Préambule[4]. Partant, les États étrangers vont justifier leurs demandes de restitution sur le fait que l'absence de tel bien culturel dans leur patrimoine est moralement inacceptable,[5]

---

[1] *Unidroit*, Convention d'Unidroit sur les biens culturels volés ou illicitement exportés, signée le 24 juin 1995 à Rome, non ratifiée.

[2] *Unesco*, Convention concernant les mesures à prendre pour interdire et empêcher l'importation, l'exportation et le transfert de propriété illicites des biens culturels, signée le 14 novembre 1970 à Paris, entrée en vigueur le 24 avril 1972 et ratifiée par la France le 7 janvier 1997.

[3] Article 3 : « Sont illicites l'importation, l'exportation et le transfert de propriété des biens culturels, effectués contrairement aux dispositions prises par les Etats parties en vertu de la présente Convention ».

[4] « pour parer à ces dangers, il est indispensable que chaque Etat prenne davantage conscience des *obligations morales* touchant au respect de son patrimoine culturel comme de celui de toutes les nations » (cons. 4) ; « les musées, les bibliothèques et les archives, en tant qu'institutions culturelles, doivent veiller à ce que la constitution de leurs collections soit fondée sur des *principes moraux universellement reconnus* (cons. 5).

[5] Dans son appel en faveur de la restitution, l'ancien Directeur général de l'UNESCO, Amadou-Mahtar M'Bow demande que soient restitués au pays spoliés « au moins les trésors les plus représentatifs de leur culture, ceux auxquels ils attachent le plus d'importance, ceux *dont l'absence est psychologiquement la plus intolérable* ». *Cf.* GAY (A.), *La restitution des*

car porteur d'une valeur culturelle, symbolique et identitaire. Développé par l'historien Krzysztof Pomian, le terme de « sémiophore »[1] désigne ces biens d'un intérêt supérieur. Si une doctrine de la restitution n'est pas encore constituée et que les conventions internationales en la matière sont peu contraignantes, émerge néanmoins un « sentiment de l'obligatoire »[2]. Toutefois, l'affirmation selon laquelle la propriété tient davantage à la légitimité qu'à la légalité en matière de restitution est fausse. En effet, le législateur a identifié certains biens culturels comme insusceptibles de propriété.

2- La catégorisation des biens culturels insusceptibles de propriété

En redéfinissant la propriété publique, la question des restitutions opère une typologie, ou plutôt une catégorisation des biens susceptibles de propriété. En effet, tous les biens publics culturels ne sont pas égaux face au régime de restitution. En premier lieu, il existe des biens culturels spécifiques qui sont présumés appartenir à la France. C'est le cas des biens archéologiques mobiliers découverts sur le territoire. Jusqu'à récemment, ces biens étaient soumis au même régime que les trésors nationaux – ce qui se justifiait par leurs circonstances de découverte. La nécessité de protéger

---

biens culturels à leur pays d'origine- Un débat au carrefour entre le droit, la politique et la morale, Université lumière Lyon 2, 2013, p. 15.

[1] Concept selon lequel, en étant exposé dans les collections muséales, le bien perd son utilité initiale et sa valeur d'échange pour devenir un objet porteur de sens, de signification. *Cf.* POMIAN (K.), *Collectionneurs, amateurs et curieux. Paris, Venise : XVIe – XVIIIe siècle*, Gallimard, coll. Bibliothèque des histoires, Paris, 1987, 376 pp.

[2] LAMBERT-ABDELGAWAD (E.), « Le Comité intergouvernemental de l'UNESCO pour la promotion du retour de biens culturels à leur pays d'origine ou de restitution en cas d'appropriation illégale : un bilan assez mitigé », *Revue de science criminelle et de droit pénal comparé*, 2012, n°1, p. 265.

ce type de biens – par nature extrêmement fragiles et précieux – a conduit le législateur a adopté une loi en 2001[1]. La réforme qui intéresse notre étude est celle du 7 juillet 2016[2] en ce qu'elle crée une présomption d'appropriation publique pour ces biens archéologiques mobiliers (art. L. 541-1 du Code du patrimoine). Comme le souligne Orlandini, toute demande de revendication de ces biens entraîne « un partage de la propriété des objets mobiliers découverts entre l'État et le propriétaire du terrain »[3]. En outre, le critère du lieu de découverte du bien ne permet pas de régler à lui seul le litige.

En second lieu, il existe le régime particulier des œuvres d'art estampillées MNR. Il s'agit des biens culturels pillés aux familles juives lors de la Seconde Guerre mondiale et qui se retrouvent sans propriétaire[4]. Jouissant d'un statut particulier destiné à faciliter leur restitution, ces œuvres d'art sont régies par un décret du 30 septembre 1949[5]. Pour ces biens, l'État

---

[1] LOI n° 2001-44 du 17 janvier 2001 relative à l'archéologie préventive, JORF n°15 du 18 janvier 2001 ; Décret n° 2004-490 du 3 juin 2004 relatif aux procédures administratives et financières en matière d'archéologie préventive, JORF n°129 du 5 juin 2004.

[2] LOI n° 2016-925 du 7 juillet 2016 relative à la liberté de la création, à l'architecture et au patrimoine, JORF n°0158 du 8 juillet 2016.

[3] ORLANDINI (J.-P.), « La réforme du régime juridique des biens meubles archéologiques », *AJDA* 2016, pp. 2042 et suiv.

[4] Il s'agit aussi bien d'œuvres spoliées à des particuliers mais aussi d'œuvres vendues avec l'apparence de la légalité ou encore d'œuvres commandées par l'occupant aux manufactures nationales. Elles sont inscrites sur des inventaires particuliers et attendent une restitution éventuelle, sans qu'une date de prescription ait été fixée pour en faire la demande. PERROTIN (F.), « Restitution d'œuvre d'art : un partenariat public-privé », *Petites affiches*, 2015, n° 160, p. 4.

[5] Décret n° 49-1344, 30 sept. 1949 relatif à la fin des opérations de la commission de récupération artistique : JORF 2 oct. 1949 ; La politique allemande des beaux-arts – politique de pillage des œuvres d'art – remonte à 1933. AALDERS (G.), « Pillage et (non) restitution des œuvres d'art aux Pays-Bas (1940-2001) », *Revue d'Histoire de la Shoah*, n° 186, 2007, p. 195.

n'en sera jamais propriétaire[1]. Il en est le gardien temporaire jusqu'à ce que les ayants-droits des propriétaires soient identifiés afin qu'ils leurs soient restitués[2]. Placée sous l'autorité du ministère des Affaires étrangères, la gestion de ces biens est confiée à la Direction générale des patrimoines[3] pour leur présentation au public. Ces biens sont mis en dépôt dans quatre musées nationaux (le Louvre, Sèvres, Orsay et le Musée national d'art moderne) et cent vingt musées en province. La demande de restitution doit comporter des documents établissant la propriété sur l'œuvre (inventaire, police d'assurance, photographie ancienne d'un intérieur). En sus, doivent être intégrés des documents établissant le lien généalogique entre le demandeur et la personne spoliée[4]. La conférence internationale de décembre 1998 à Washington D. C. a réuni quarante-quatre pays[5] qui acceptent de faire application des principes dégagés lors de cette conférence. En juillet 2014[6], le Conseil d'État a apporté un certain nombre de précisions sur le régime de conservation et de restitution des œuvres d'art spoliées durant la Seconde Guerre mondiale. Depuis 1953, les 600 œuvres MNR (Musées Nationaux Récupération) pillées par l'occupant nazi[7] n'ont jamais été

---

[1] CE, *Droit public et patrimoine : Le rôle du Conseil d'Etat,* colloque du Comité d'Histoire du Conseil d'Etat et du ministère de la culture du 16 mars 2018, La Documentation française, coll. Travaux et documents, 2019, 317 pp.

[2] CE Ass., 30 juillet 2014, *Mme Kodric et Herr*, n° 349789, *RFDA* 2014, p. 1092, point 7.

[3] Anciennement dénommée la gestion à la Direction des musées nationaux.

[4] Depuis la convention du 24 juin 2015 avec le ministère de la Culture et de la Communication, Généalogistes de France a accepté de faire gracieusement les recherches nécessaires à l'identification des ayants droit vivants des propriétaires.

[5] Dont la France, les États-Unis et l'Allemagne et treize organisations non gouvernementales.

[6] CE, ass. cont., 30 juill. 2014, n° 349789, Mme G., rejet pourvoi c/ CAA Paris, 21 mars 2011, T. Carriol, rapp.; D. Hedary, rapp. publ.

[7] SARR (F.), SAVOY (B.), *Rapport sur la restitution du patrimoine culturel africain, Vers une nouvelle éthique relationnelle*, novembre 2018, p. 63.

intégrées aux collections publiques afin de les restituer à leurs propriétaires.

Outre ces cas spécifiques, l'État français conserve une longue tradition d'appropriation publique des biens culturels. Si cette approche tend à se redessiner avec la question des restitutions de biens culturels, elle n'est toutefois pas abandonnée (notamment depuis l'idée de la souveraineté permanente). Bien que cette théorie de droit international concerne *a priori* les ressources naturelles, il est envisageable de l'étendre aux ressources culturelles, confortant ainsi la puissance publique de l'État français dans la politique de restitution.

§2) Approche internationale : la souveraineté permanente sur les ressources culturelles ?

L'application de la théorie de la souveraineté permanente sur les ressources nationales en matière de biens culturels présente certains intérêts en ce qu'elle permet de justifier un refus de restitution de biens culturels (A). Cela étant, la reconnaissance de cette théorie dans ce domaine demeure assez limitée pour diverses raisons (B).

A- Intérêts de la reconnaissance de cette théorie

Les partisans de la théorie onusienne de la souveraineté permanente défendent un régime exclusivement national de restitution (1). Du fait de la proximité entre les ressources naturelles et les ressources culturelles (2), reconnaître une telle théorie présenterait de nombreux intérêts.

1- Promotion d'un régime national de la restitution

Développé par l'Organisation des Nations Unies, le droit de la souveraineté permanente sur les ressources naturelles est proclamé depuis la première résolution en date du 12 janvier

1952[1]. Principe de droit international coutumier, la portée de la souveraineté permanente sur les ressources naturelles dépasse largement le cadre onusien[2]. Conçu comme un corollaire du droit des peuples à disposer d'eux-mêmes[3], ce principe n'a *a priori* aucun rapport avec la restitution. Toutefois, l'extension de cette théorie aux biens publics culturels permettrait de résoudre la question de la propriété – et *de facto* les demandes de restitution. Selon Prott la « justification de la restitution d'objets culturels en droit international est intimement liée à la notion élargie de droit à l'autodétermination qui a vu le jour à la suite de la décolonisation »[4]. En d'autres termes, chaque peuple doit être en capacité de « conserver, revitaliser et développer son identité culturelle collective » – promouvant ainsi la restitution comme un régime exclusivement national. Reconnaître la souveraineté permanente à un Etat au niveau international implique de lui attribuer « le contrôle gouvernemental sur l'exploitation, la mise en valeur et la commercialisation des ressources, le droit de légiférer librement et à l'abri de toute ingérence extérieure l'exploitation et la commercialisation des ressources »[5]. Par ailleurs, la souveraineté ne doit pas être simplement permanente, mais aussi intégrale. Cette intégralité s'entend

---

[1] ELIAN (G.), « Le principe de la souveraineté sur les ressources nationales et ses incidences juridiques sur le commerce international », *RCADI*, 1976, n°149, p. 47.

[2] *Ibid.*, p. 11.

[3] Charte des Nations Unis, 26 juin 1945, San Francisco : « Développer entre les nations des relations amicales fondées sur le respect du principe de l'égalité de droits des peuples et de leur droit à disposer d'eux-mêmes, et prendre toutes autres mesures propres à consolider la paix du monde » (art. 1 al. 2).

[4] V. PROTT (L.) (dir.), *Témoins de l'Histoire – Recueil de textes et documents relatifs au retour des objets culturels*, UNESCO, coll. Art, musées et monuments, Paris, 2011, p. 209.

[5] ELIAN (G.), « Le principe de la souveraineté permanente sur les ressources nationales dans les travaux de l'ONU », *op. cit.*, p. 53.

comme « la puissance illimitée, conférée aux Etats, d'employer sans restrictions leurs ressources [...] le droit à la nationalisation et celui « de transférer la propriété des ressources »[1].

Dans le processus actuel de restitution par la France de biens culturels, différents éléments donnent raison à la théorie de la souveraineté permanente. Peut notamment être soulevée l'existence de rapports bilatéraux entre la France et l'Etat qui doit faire une demande explicite de restitution. Cette procédure fait intervenir le Chef de l'État, le ministre de la culture et/ou le ministre des Affaires étrangères. Enfin, le Gouvernement peut faire appel à ses propres experts [2]. Au-delà des illustrations pratiques, la théorie de la souveraineté permanente se justifie sur le plan doctrinal.

2- Proximité entre les ressources naturelles et les ressources culturelles

Éléments doctrinaux – Différents éléments attestent du rapprochement entre les ressources naturelles et les ressources culturelles, justifiant ainsi la pertinence du droit à la souveraineté permanente en matière de restitution. La résolution de l'ONU du 12 décembre 1958 suggérait d'ailleurs que le principe pouvait s'étendre au-delà des seules « ressources naturelles ». En effet, elle constate que le droit des peuples de disposer d'eux-mêmes « comprend un droit de souveraineté permanent *sur leurs richesses* et sur leurs ressources naturelles »[3].

Non précisée par le texte, la notion de « richesses » peut parfaitement intégrer celle des biens culturels. Éminemment subjective, cette notion invite la France (comme les autres

---

[1] *Ibid.* p. 58.

[2] A l'instar de l'association française du CRAN qui est proactive sur la question des restitutions d'œuvres d'arts africaines dans leur pays d'origine.

[3] *UNESCO*, Résolution 1314 XIII du 12 décembre 1958 de l'Assemblée générale.

États membres de l'ONU) à définir ce qu'elle entend par « richesses ». Cela concerne-t-il exclusivement les œuvres d'art, les biens culturels mobiliers et immobiliers, ou cela intègre-t-il également le patrimoine immatériel ? Ainsi, la possibilité d'étendre cette théorie de la souveraineté permanente n'est pas illusoire. Si certains biens culturels français font l'objet de revendications étrangères, il est notable que l'exploitation des ressources naturelles « a toujours fait l'objet de polémiques »[1]. En sus, les biens culturels sont par essence des biens uniques, non reproductibles[2] comme c'est le cas des ressources naturelles. Le principe de la souveraineté sur les ressources nationales non renouvelables – motif justifiant la propriété exclusive de l'État[3].

Enfin, l'UNESCO (acteur majeur des restitutions sur le plan international) conçoit les ressources naturelles comme une composante du patrimoine culturel. Ainsi, la culture ne se limite pas à « l'Art », mais entend tout ce qui constitue l'identité d'un pays (dont les sites naturels, les paysages et les ressources naturelles). Dès lors, pourquoi faire une différence entre un bien culturel présent dans la nature (comme une stèle, une borne romaine) et un bien culturel présent dans les musées (à l'instar d'une statue ou d'une poterie) ? Les deux font partie du patrimoine de l'Etat et à ce titre, devraient être soumis au seul pouvoir de ce dernier. Toutefois, la reconnaissance de cette théorie aux biens culturels se heurte à certains obstacles.

---

[1] HADJ CHERIF (H.), *Le droit de souveraineté permanente sur les ressources naturelles dans les territoires occupés et les territoires non autonomes*, Université de Bordeaux, 2018, p. 12.

[2] Au-delà de la valeur esthétique, un bien culturel a une valeur historique, archéologique, identitaire ou encore économique.

[3] « C'est tout d'abord le pétrole, le gaz naturel, le charbon, et enfin les métaux », *cf.* ELIAN (G.), « Le principe de la souveraineté sur les ressources nationales et ses incidences juridiques sur le commerce international », *RCADI*, 1976, n°149, p. 11.

L'exemple des biens culturels subaquatiques – Ce rapprochement entre les ressources naturelles et les ressources culturelles s'applique parfaitement dans le cas des biens culturels subaquatiques. Créés par la main de l'homme (bateaux et objets qui s'y trouvent), ces biens sont altérés par les eaux et deviennent partie intégrante de l'environnement marin. Il s'agit de gisements, épaves, vestiges ou généralement tout bien présentant un intérêt préhistorique, archéologique ou historique, découverts dans le domaine public maritime[1] ou au-delà, dans la zone contiguë, s'étendant des 12 milles à partir de la côte jusqu'à 24 milles. Découverts sur le domaine public, ces biens sont réputés appartenir à l'État en l'absence de propriétaire identifié, ou n'ayant pu être retrouvé à l'expiration d'un délai de trois ans[2]. La découverte du bien ne confère donc pas le droit de propriété, mais donne (uniquement) droit à une somme d'argent qui varie selon la qualité de la personne qui le découvre[3]. L'enjeu pour l'État est de taille puisqu'il « existe plus de trois millions d'épaves dans le monde »[4]. Afin de prévenir de protéger ces ressources de l'appropriation privée, l'UNESCO a établi une convention en 2001 dont la France est partie sur la protection du patrimoine culturel subaquatique[5].

---

[1] CGPPP, art. L. 1127-1 ; C. patr., art. L. 532-2.

[2] C. patr., art. L. 532- 2 ; FOULQUIER (N.), Droit administratif des biens, éd. LexisNexis, coll. Manuel, n°3, 2015, p. 152.

[3] Le profit, ou « butin », est partagé selon des pourcentages variés : cela peut commencer à 50% pour chaque partie, mais il est plus probable que 70% aillent à l'entreprise et 30% au gouvernement. *Cf.* ANDERSON (J.-W.), « Will finders be keepers of salvaged treasure ? », 27 août 2007, disponible sur *www.washingtonpost.com.*

[4] VILLEGAS ZAMORA (T.), « Les dangers d'une exploitation commerciale du patrimoine culturel subaquatique », *Museum International.*, 2009, n° 60, p. 26.

[5] *Unesco*, Convention sur la protection du patrimoine culturel subaquatique, signée à Paris le 2 novembre 2001, ratifiée par la France le 28 décembre 2012.

En définitive, si l'appropriation publique a longtemps verrouillé toute possibilité de céder des biens à un État étranger, la restitution des biens culturels semble dépasser cette vision. De nouvelles théories en droit international viennent conforter cette approche propriétariste notamment celle de la souveraineté permanente sur les ressources nationales. Toutefois, défendre une telle doctrine se heurte à certaines limites juridiques.

B- Limites de la reconnaissance de cette théorie

L'application de la théorie de la souveraineté permanente aux biens culturels en vue d'un régime exclusivement national de restitution connaît deux limites majeures. D'une part la France a l'obligation dans certaines hypothèses de restituer les biens mal acquis (1). D'autre part, une telle approche vise à instrumentaliser la théorie originelle (2).

1- L'obligation de restitution des biens mal acquis[1]

Dans certains cas, la France est contrainte de restituer des biens mal acquis – illicitement importés ou volés – qu'elle soit contrainte par des textes européens ou internationaux. Il aura fallu attendre 1993 pour qu'une directive tente de poser un régime permettant la restitution des biens mal acquis au niveau

[1] La loi de restitution des « biens mal acquis » adoptée en France en 2021 est trompeuse. En effet, elle ne concerne aucunement la restitution de biens culturels acquis illégalement par la France. Cette loi permet en réalité de rendre aux populations étrangères les fonds confisqués par la justice française à des dirigeants corrompus. *Cf.* LOI n° 2021-1031 du 4 août 2021 de programmation relative au développement solidaire et à la lutte contre les inégalités mondiales, JORF n°0180 du 5 août 2021.

européen[1]. Aujourd'hui abrogée par la directive de 2014[2], elle a toutefois permis de rendre effective le retour aux pays d'origine de certains biens mal acquis et de prévoir la procédure de restitution à suivre. La présente directive du 15 mai 2014 étend la restitution à l'ensemble des biens culturels considérés par un pays de l'UE comme « trésors nationaux » ayant quitté illicitement son territoire après le 1er janvier 1993[3]. En pratique, le délai prévu pour vérifier si le bien découvert dans un autre État membre constitue un bien culturel passe à 6 mois[4]. En revanche, les délais de prescription de l'action en restitution restent inchangés : 30 ans en principe[5]. Surtout, la directive définit la notion de « bien ayant quitté illicitement le territoire d'un État membre ». Pour qu'un État revendique un bien culturel sur la

[1] Directive 93/7/CEE du 15 mars 1993 du Conseil des Communautés européennes relative à la restitution des biens culturels ayant quitté illicitement le territoire d'un Etat membre (JO L 74 du 27.3.1993, p. 74) ; transposée en droit interne par la Loi n° 95-877 du 3 août 1995 portant transposition de la Directive 93/7 du 15 mars 1993 du Conseil des Communautés européennes relative à la restitution des biens culturels ayant quitté illicitement le territoire d'un Etat membre, JORF n°180 du 4 août 1995.

[2] Directive 2014/60/UE du Parlement européen et du Conseil du 15 mai 2014 relative à la restitution de biens culturels ayant quitté illicitement le territoire d'un État membre et modifiant le règlement (UE) n° 1024/2012 ; transposée en droit interne par la Loi n° 2015-195 du 20 février 2015 portant diverses dispositions d'adaptation au droit de l'Union européenne dans les domaines de la propriété littéraire et artistique et du patrimoine culturel, JORF n°0045 du 22 février 2015.

[3] Article 1er: « La présente directive s'applique à la restitution des biens culturels classés ou définis par un État membre comme faisant partie des trésors nationaux, visés à l'article 2, point 1, qui ont quitté illicitement le territoire dudit État membre ».

[4] Art. 5-3 de la directive. Contre deux mois auparavant (art. 4-3 de la Directive 93/7/CEE précitée).

[5] Délai courant à compter de la date où le bien culturel a quitté illicitement le territoire de l'État membre (art. 8). Ce délai est porté à 75 ans dans le cas de biens faisant partie de collections publiques ou appartenant à des institutions religieuses (*ibid.*).

base de ce texte, il est nécessaire que le bien en question ait « quitté le territoire d'un État membre en violation de la législation de cet État membre en matière de protection des trésors nationaux ou en violation du règlement de 2009 »[1]. Peut également être revendiqué par un État « un bien non restitué à la fin d'une période de sortie temporaire légale ou pour lequel l'une des autres conditions de cette sortie temporaire a été violée »[2]. Ainsi, la directive du 15 mai 2014 permet à un État de l'Union européenne de contraindre la France à restituer un bien culturel dès lors que les conditions sont remplies. Par ailleurs, la Convention de l'UNESCO de 1970 élargit ce dispositif.

La Convention du 14 novembre 1970 prévoit un mécanisme de restitution des biens culturels « illicites » sur le plan international[3]. Si cette convention est antérieure à la première directive européenne en matière de restitution de 1993, son entrée en vigueur est postérieure[4]. Ratifiée par la France le 7 janvier 1997, elle entre en vigueur le 7 avril 1997 et s'applique uniquement aux biens culturels « illicites » captés par la France à compter de cette date. Sont considérés

---

[1] Art. 2-2a. *Cf.* Règlement (CE) n° 116/2009 du Conseil du 18 décembre 2008 concernant l'exportation de biens culturels, JO L 39 du 10.2.2009, p. 1.

[2] *Idem.*

[3] *Unesco*, Convention concernant les mesures à prendre pour interdire et empêcher l'importation, l'exportation et le transfert de propriété illicites des biens culturels, signée le 14 novembre 1970 à Paris, entrée en vigueur le 24 avril 1972 et ratifiée par la France le 7 janvier 1997.

[4] Contrairement à un règlement européen qui s'applique immédiatement dès le vote du texte, l'entrée en vigueur d'une directive nécessite une loi de transposition en droit interne pour être contraignante. En l'espèce il s'agit de la loi n° 2015-195 du 20 février 2015 portant diverses dispositions d'adaptation au droit de l'Union européenne dans les domaines de la propriété littéraire et artistique et du patrimoine culturel. Concernant les Conventions internationales, elles entrent en vigueur selon les modalités prévues par les Etats ayant participé à la négociation (art. 24 de la Convention de Vienne) soit trois mois après la ratification pour cette Convention (ratification par la France le 7 janvier 1997 soit une entrée en vigueur le 7 avril 1997).

comme tels « l'exportation et le transfert de propriété forcés de biens culturels résultant directement ou indirectement de l'occupation d'un pays par une puissance étrangère » (art. 11). Cette tardiveté à ratifier la Convention témoigne de l'intention de la France de protéger juridiquement ses collections publiques contre une restitution obligatoire. Ratifiée en 1997 seulement, le Parlement avait pourtant donné son aval en 1983[1]. Cela étant, la France s'engage « à prendre des mesures appropriées pour saisir et restituer à la requête de l'État d'origine partie à la Convention tout bien culturel ainsi volé et importé après l'entrée en vigueur de la présente Convention à l'égard des deux États concernés »[2]. Intégrant les exigences de la Convention de 1970, la loi LCAP du 7 juillet 2016[3] modifie le Code du patrimoine. Partant, tout transfert d'un bien culturel peut être annulé par la France s'il est prouvé que celui-ci a été mal acquis (art. L. 124-1)[4]. Toutefois, dans un arrêt du 12 septembre 2018, la Cour de cassation affirme que la Convention de 1970 n'est pas suffisante pour « asseoir une incrimination pénale »[5].

---

[1] LOI n° 83-347 du 28 avril 1983 autorisant la ratification d'une Convention concernant les mesures à prendre pour interdire et empêcher l'importation, l'exportation et le transfert de propriété illicites des biens culturels, parue au JORF du 29 avril 1983 ; Décret n°97-435 du 25 avril 1997 portant publication de la Convention concernant les mesures à prendre pour interdire et empêcher l'importation, l'exportation et le transfert de propriété illicites des biens culturels faite à Paris le 14 novembre 1970, JORF n°103 du 3 mai 1997.

[2] Article 7-b-ii précise « à condition que l'Etat requérant verse une indemnité équitable à la personne qui est acquéreur de bonne foi ou qui détient légalement la propriété de ce bien ».

[3] LOI n° 2016-925 du 7 juillet 2016 relative à la liberté de la création, à l'architecture et au patrimoine, JORF n°0158 du 8 juillet 2016.

[4] « La personne publique propriétaire demande, en outre, au juge d'ordonner la restitution du bien à l'Etat d'origine ou au propriétaire légitime s'il en a fait la demande » (art. L. 124-1).

[5] « Mais attendu qu'en se déterminant ainsi, alors que d'une part la Convention de l'Unesco du 14 novembre 1970 ne peut servir en elle-même à asseoir une incrimination pénale » (Cass. crim., 12 septembre 2018, n° 17-87.510, point 12).

Un autre texte international aurait pu contraindre les États à restituer des biens culturels mal acquis : la Convention dite « Unidroit » sur les biens culturels volés ou illicitement exportés[1]. Si la France l'a signée le 24 juin 1995, elle n'a cependant jamais ratifié la Convention ce qui la rend inapplicable. Selon l'ancien député Pierre Lellouche, la définition très large de la notion de « bien culturel » retenue à l'article 1er de la Convention risquerait de multiplier les demandes de restitutions[2]. Par conséquent, l'obligation pour la France de restituer des biens culturels mal acquis aux États étrangers sur la base des textes internationaux remet en cause la théorie de la souveraineté permanente sur les ressources culturelles. D'ailleurs, l'utilisation semble être instrumentalisée.

2- L'instrumentalisation de la théorie de la souveraineté permanente

Utiliser la théorie de la souveraineté permanente sur les ressources nationales pour empêcher toute restitution d'un bien culturel à un Etat étranger revient à contourner l'esprit même du principe. En effet, cette théorie est conçue comme un corollaire du droit des peuples à disposer d'eux-mêmes[3]. À l'origine, elle cherche à protéger les anciennes colonies de ceux qui s'accaparaient leurs ressources naturelles (notamment du pétrole et du gaz)[4]. Si la théorie de la souveraineté permanente était élargie aux biens culturels, elle aura donc vocation à s'appliquer aux États qui ont été pillés

---

[1] *Unidroit*, Convention d'Unidroit sur les biens culturels volés ou illicitement exportés, signée le 24 juin 1995 à Rome mais non ratifiée à ce jour.

[2] A.N., Délégation pour l'Union européenne, Compte-rendu n° 30, réunion du jeudi 27 février 2003, disponible sur *www.assembleenationale.fr*.

[3] HADJ CHERIF (H.), *Le droit de souveraineté permanente sur les ressources naturelles dans les territoires occupés et les territoires non autonomes*, *op. cit.*, p. 87.

[4] ELIAN (G.), Le principe de la souveraineté permanente sur les ressources nationales dans les travaux de l'ONU, *op. cit.*, p. 47.

(lors de la colonisation notamment). Ainsi, la France ne pourrait pas – sur cette base juridique – empêcher les revendications patrimoniales, mais devra au contraire rendre les œuvres d'art qui ont été acquises lors des conflits armés. Aujourd'hui, l'idéologie universaliste a d'ailleurs tendance à accélérer les restitutions des biens culturels français au bénéfice des États pillés. Beaucoup de traités de paix de la seconde moitié du XIXe siècle contiennent d'ailleurs des clauses de restitution d'archives, de collections et d'objets d'art[1].

L'inefficacité partielle des conventions imposant à la France (entre autres) de restituer certains biens culturels invite la communauté internationale à utiliser d'autres biais comme le *soft power*. C'est notamment le cas de la Déclaration de Fribourg[2]. Élaboré par un groupe d'experts internationaux, ce texte non contraignant proclame des droits culturels devant selon eux, être intégrés aux droits de l'homme. Partant, le problème des restitutions pourrait s'envisager « dans le contexte des droits des minorités et des peuples autochtones [...] notamment pour les plus démunis »[3]. Par conséquent, utiliser la théorie de la souveraineté permanente sur les ressources nationales pour empêcher la restitution d'un bien culturel à un État étranger revient à galvauder la théorie originelle. L'appropriation publique n'est plus un argument suffisant pour répondre à la problématique des restitutions. Le mouvement actuel des « communs » illustre ce changement de paradigme.

---

[1] DURET-ROBERT (F.), CANAT (J.-F.), ESKENAZY (D.), HANSEN (P.), MAUGER-VIELPEAU (L.), *Droit du marché de l'art 2020/2021*, Dalloz, coll. Dalloz Action, 7ème éd., 2020, p. 163.

[2] Déclaration de Fribourg sur les droits culturels, 1993, adoptée à Fribourg (Suisse) le 7 mai 2007, disponible sur *www.droitsculturels.org*.

[3] Point 7 du Préambule.

Section 2
Biens culturels et biens communs

L'approche propriétariste ne permet pas d'accoucher d'une solution juridique d'un régime de restitution de biens culturels. En dépassant la notion de propriété, la doctrine des communs met en exergue les enjeux à reconnaître des biens culturels insusceptibles de propriété (1). Toutefois, cette approche rencontre certaines impasses (2).

§1) Les enjeux de la reconnaissance de biens insusceptibles de propriété

Reconnaître des biens insusceptibles de propriété conduit à définir la notion de biens culturels communs (A), mais surtout à identifier ses intérêts (B).

A- Le champ terminologique des biens culturels communs

Aborder les biens culturels communs suggère au préalable de distinguer biens communs et biens globaux d'une part (1) et biens culturels communs d'autre part (2).

1- Biens communs et biens globaux

Selon le Dictionnaire de Cornu, les biens communs désignent les « biens composant l'actif de la communauté entre époux »[1]. Propre au droit privé, cette définition est étrangère à l'étude des biens communs en droit public. Création européenne, le concept de biens communs repose sur le principe de l'inclusion de tous ceux qui « ont vocation à partager les ressources spécifiquement associées aux statuts

---

[1] CORNU (G.) (dir.), *Vocabulaire juridique,* PUF, coll. Quadrige, 13e éd, Paris, 2020, p. 126.

auxquels, sélectivement, ils peuvent accéder »[1]. Pour les *commoneurs* – adeptes de ce courant – restituer un bien consiste à l'aliéner à un autre propriétaire ce qui nie l'usage commun du dit bien[2]. Employé au singulier, le Bien commun prend une connotation éthique fondée sur la conception aristotélicienne que la vie communautaire humaine est naturelle, qu'elle va de soi[3]. Employé au pluriel, le concept de biens communs (ou « communs ») nécessite la réunion de trois éléments cumulatifs à savoir une « ressource collective définie », une « communauté déterminée » et un « mode de gouvernance collectif »[4].

Ressource collective définie – En premier lieu, le concept de communs nécessite de définir une ressource collective. Contrairement à une idée reçue, les communs ne sont pas une catégorie regroupant n'importe quel bien. Il est nécessaire d'identifier le ou les biens selon sa nature et sa catégorie afin de pouvoir l'échanger, le partager. Notons que le mot « patrimoine » se traduit *heritage* en anglais d'où l'idée d'une transmission, de biens qui restent dans la famille. Au contraire les biens communs appartiennent à tous comme c'est le cas de « l'eau, l'air, la biodiversité, le *patrimoine culturel*, la planète ou la beauté d'un paysage »[5].

---

[1] LE ROY (E.), « Des communs "à double révolution" », *Droit et société*, 2016, n° 94, p. 617.

[2] *Idem.*

[3] « Loin d'être des atomes autocentrés n'agissant que par intérêt particulier, les individus sont naturellement des êtres sociaux et politiques, et ils sont naturellement orientés dans leur action en fonction du bien commun, des impératifs de la bonne santé morale de la communauté ». *Cf.* THOME (P.), *Biens communs, quel avenir ? Un enjeu stratégique pour l'économie sociale et solidaire*, Yves Michel, coll. Société civile, Paris, 2016, p. 18.

[4] CORIAT (B.), *Propriété et communs : idées reçues et propositions*, Utopia, coll. Controverses, Bruxelles, 2018, p. 9.

[5] TIROLE (J.), Economics for the Common Good, éd. Princeton University Press, 2017, p. 4.

Communauté déterminée – En second lieu, les communs se réfèrent à une communauté déterminée. *De facto*, la notion ne se confond pas avec le « patrimoine commun de la nation » qui qualifie un « bien ou ressource qui, par delà son régime privé ou public, concerne la collectivité nationale » – à l'instar du territoire français ou la langue française – « et dont la préservation est d'intérêt général »[1]. Ainsi, la collectivité au sens des communs n'est pas la collectivité nationale, mais une communauté plus vaste qui dépasse les frontières. Partant, « les communs sont des ressources produites, partagées et gérées par une communauté qui fixe et applique des règles spécifiques (une « gouvernance ») pour les protéger et les pérenniser[2].

Mode de gouvernance collectif – En dernier lieu, les communs se caractérisent un mode de gouvernance collectif[3]. Ils appartiennent à la fois à tous et à personne « au sens que tous doivent pouvoir y avoir accès et que personne ne peut se prévaloir d'une quelconque exclusivité »[4], et désacralise ainsi le droit de la propriété au profit du droit d'usage du bien qui comprend « le droit d'accès, le droit de prélèvement, le droit de gestion, le droit d'exclure et le droit d'aliéner »[5]. En outre, le concept de biens communs est davantage un renforcement des notions de bien commun de l'humanité et plus récemment de celle de bien global qu'une théorie juridique *ex nihilo*.

---

[1] CORNU (G.) (dir.), *Vocabulaire juridique,* PUF, coll. Quadrige, 13e éd, Paris, 2020, p. 741.

[2] CORNU (M.), L'image des biens culturels au prisme des théories des communs, *op. cit.*, p. 72.

[3] Voir notamment DARDOT (P.), LAVAL (C.), *Commun : essai sur la révolution au XXIe siècle*, La Découverte, Paris, 2014, 600 pp.

[4] RODOTA (S.), « Vers les biens communs. Souveraineté et propriété au XXIe siècle », *Tracés*, 2016, p. 222.

[5] CORIAT (B.), *Propriété et communs : idées reçues et propositions*, Utopia, coll. Controverses, Bruxelles, 2018, p. 37.

Bien commun de l'humanité – L'idée de concevoir le patrimoine culturel comme un bien commun de l'humanité a échoué par le passé. Apparu dans les années 1960 lors de la guerre froide, ce concept a pu être invoqué par les nouveaux États issus de la décolonisation[1]. Si cette notion a permis de refuser l'appropriation par un ou plusieurs États des océans et des corps célestes[2], elle est aujourd'hui abandonnée au profit de la notion de biens globaux.

Biens globaux – La théorie des biens publics globaux s'inscrit dans la rupture de l'idéologie néo-libérale[3]. Partant, « un bien public est considéré comme global dès lors que ses bénéfices et ses coûts s'étendent à tous les pays, toutes les populations et toutes les générations »[4]. À ce jour, seule la connaissance sur Internet est considérée comme un bien public global[5]. À défaut d'y intégrer tous les biens publics culturels, peuvent notamment être intégrés les photographies, les arts graphiques, ou encore les reproductions numériques de manuscrits anciens. L'idée n'est plus portée sur la détention en elle-même du bien, mais sur la médiation culturelle, sur la diffusion de la connaissance. Mais qu'entend-on par biens culturels communs ?

2- Biens culturels communs

Selon Marie Cornu, les biens culturels désignent les « ressources intangibles (intellectuelles) qui renvoient aux formes ou expressions culturelles partagées et gérées par les

---

[1] CORMIER SALEM (M.-C.), JUHE-BEAULATON (D.), BOUTRAINS (J.), ROUSSEL (B.), *Patrimoines naturels au Sud. Territoires, identités et stratégies locales*, IRD éditions, coll. Colloques et séminaires, Paris, 2005, p. 1.

[2] *Ibid.*, p. 2.

[3] *Ibid.*, p. 11.

[4] BENHAMOU (F.), Économie du patrimoine culturel, éd. La Découverte, coll. Repères, 2019, p. 97.

[5] RODOTA (S.), « Vers les biens communs. Souveraineté et propriété au XXIe siècle », *Tracés*, 2016, p. 211.

membres d'une communauté : symboles, styles, connaissance, genres artistiques et littéraires, croyances, rites, coutumes et autres formes culturelles immatérielles »[1]. Si la théorie des communs n'a pas encore permis la libre circulation des biens culturels mobiliers, elle s'est toutefois appliquée aux œuvres littéraires. En effet, le mouvement dit des *creative commons* vise à faire disparaître le droit d'auteur au bénéfice de la libre circulation de la connaissance et de la création artistiques[2]. La difficulté de l'application de la théorie des communs aux biens culturels ne tient donc pas à leur valeur artistique, mais bien à leur « valeur politique ». Par leur biais, les personnes publiques « se mettent en scène autant qu'elles se donnent à voir et à se contempler »[3].

Si la propriété peut se partager, ce n'est pas le cas de la souveraineté. Toutefois, cela dépend si l'on considère le bien public culturel comme un « patrimoine public » ou bien une « chose publique »[4], auquel cas le partage du bien entre différents États est envisageable. Par conséquent, la question se pose de savoir en quoi la reconnaissance juridique des biens culturels en tant que biens communs est-elle opportune ?

---

[1] CORNU (M.), L'image des biens culturels au prisme des théories des communs, *op. cit.*, p. 72.

[2] GROUIEZ (P.), « Le retour des communs : La crise de l'idéologie propriétaire », *Revue de la régulation*, 2015, n° 18, p. 1.

[3] YOLKA (P.), *Droit des biens publics*, LGDJ, coll. Systèmes, 1ère éd., Paris, 2018, p. 12.

[4] LAVIALLE (C.), « Le domaine public : chose publique ou patrimoine public ? », pp. 281-293 *in Pouvoir et gestion – Actes des cinquièmes rencontres du 29 et 30 novembre 1996*, Presses de l'Université Toulouse 1 Capitole, coll. Histoire, Gestion, Organisations, Toulouse, 1997, p. 23.

B- Les intérêts de la reconnaissance des biens culturels communs

Introduire l'expression de « biens culturels communs » ne serait pas uniquement symbolique. Ce changement de terminologie aurait deux intérêts juridiques majeurs à savoir l'internationalisation du service public culturel (1) et la création d'un régime de propriété intermédiaire (2).

1- L'internationalisation du service public culturel

L'intérêt principal des Communs culturels réside dans le fait qu'ils lèvent les obstacles juridiques liés aux restitutions[1] en plaçant le bien culturel au cœur du service public international. L'enjeu est double : étendre la catégorie des usagers du service public culturel et renforcer de la libre circulation des biens culturels.

Usagers du service public culturel – Les communs culturels permettent de créer un service public culturel au niveau international au sens où chaque individu (citoyen ou non) en est l'usager. Consacrée en 1959 dans l'arrêt Dauphin du Conseil d'État[2], la notion de service public culturel devient autonome dès 1983[3]. Comme l'explique Jean-Marie Pontier, il ne s'agit plus d'un service public ordinaire, mais d'une « manifestation renouvelée de l'intervention publique »[4]. Longtemps réservée aux élites, la culture est aujourd'hui un

---

[1] Annexe 2.

[2] CE Ass., 11 mai 1959, *Sieur Dauphin*, n° 9229, Lebon 294 ; *AJDA* 1959. I. 113, chron. Combarnous et Galabert ; *ibid.* II. 228, note Dufau ; D. 1959. 314, concl. Mayras ; *JCP* 1959. II. 11269, note de Lanversin ; S. 1959. 117, concl., *cf.* CHAMARD-HEIM (C.), MELLERAY (F.), NOGUELLOU (R.), YOLKA (P.), *Les grandes décisions du droit administratif des biens*, Dalloz, coll. Grands arrêts, 3e éd., Paris, 2018, p. 67, point 3.

[3] CE 3/5 SSR, du 21 janvier 1983, n° 37308, point 1.

[4] PONTIER (J.-M.), « Service public culturel : épanouissement ou racornissement ? », *L'Observatoire*, 2013, n°43, p. 87.

droit (chaque citoyen doit pouvoir accéder au savoir quel que soit son origine sociale ou son lieu de résidence). Dans le cadre de la décentralisation, le législateur a créé le statut des établissements publics de coopération culturelle (EPCC)[1] permettant d'améliorer l'offre muséale sur le territoire et de confier la gestion des biens culturels aux collectivités territoriales.

Reconnue par le traité de Maastricht[2], la citoyenneté européenne est octroyée aux ressortissants des États membres de l'Union européenne avec le traité de Lisbonne[3] en 2007. Ces derniers devenant également bénéficiaires du service public culturel. Le débat sur les communs culturels s'inscrit dans cette dynamique. Il ne s'agit plus de seulement d'un service à destination des citoyens, mais à destination du monde. À ce titre, les établissements publics disposant de biens culturels ont élargi l'accès à leurs collections sur leurs sites internet permettant à n'importe quel individu de devenir usager du service public culturel. En imposant pendant une longue durée la fermeture des établissements culturels, la crise sanitaire du Coronavirus a conduit les acteurs à développer davantage de dispositifs.

Ainsi, l'universalité du bien dépasse la conception propriétariste traditionnelle de l'État. Or, l'héritage du « musée encyclopédique »[4] freine cette évolution juridique.

---

[1] LOI n° 2002-6 du 4 janvier 2002 relative à la création d'établissements publics de coopération culturelle (JORF n° 144 du 5 janvier 2002) modifiée en 2006 : LOI n° 2006-723 du 22 juin 2006 modifiant le code général des collectivités territoriales (JORF n°144 du 23 juin 2006).

[2] Traité sur l'Union européenne signé à Maastricht le 7 février 1992, JO n° C 191 du 29 juillet 1992, entré en vigueur le 1er novembre 1993.

[3] Traité signé à Lisbonne le 13 décembre 2007, JO C 306 du 17 décembre 2007, entré en vigueur le 1er décembre 2009.

[4] Conçu comme un « appareil idéologique d'Etat », le musée dit encyclopédique est le modèle qui a longtemps guidé le dessein des

L'idée d'exposer des œuvres de toutes les cultures du monde dans un même lieu est davantage perçue comme un héritage colonial[1]. Intégrer la notion de « biens culturels communs » dans le Code du patrimoine permettrait de créer un type de biens insusceptibles de propriété concourant ainsi à un service public culturel au niveau international. C'est notamment le cas de la photographie. Ne nécessitant ni transport ni visualisation en 3D (contrairement à une sculpture par exemple), sa diffusion numérique par les musées nationaux est à ce jour opérationnelle[2].

Libre circulation des biens culturels – Si des échanges temporaires entre les musées du monde se pratiquent régulièrement[3], ils demeurent faibles par rapport à la quantité de biens culturels disponibles[4]. En effet, la plupart des biens dorment dans les réserves sans jamais être exposés, mais sont

---

collections publiques (à l'instar du Musée du Louvre). *Cf.* JOUVENET (M.), « Le "musée encyclopédique" dans la controverse sur les restitutions d'œuvres et objets d'art anciens. Enjeux et propositions pour une enquête sociologique », *Sociologie de l'Art*, 2016, n°25, p. 193 et suiv.

[1] Sénat, *Rapport d'information fait au nom de la commission de la culture, de l'éducation et de la communication par la mission d'information sur les restitutions des biens culturels appartenant aux collections publiques, par BRISSON (M.) et OUZOULIAS (P.)*, 16 décembre 2020, p. 15. La création du Louvre Abu Dhabi montre que ce modèle de musée est encore possible aujourd'hui.

[2] C. Comptes, *La valorisation internationale de l'ingénierie et des marques culturelles, Le cas des musées nationaux, Communication à la commission des finances du Sénat*, 2019, p. 59, disponible sur *www.ccomptes.fr*.

[3] « Les œuvres appartenant aux collections confiées à la garde des musées nationaux dont la liste est fixée à l'article R. 421-2 peuvent être prêtées pour des expositions temporaires à caractère culturel organisées, en France ou à l'étranger, par des personnes publiques ou des organismes de droit privé à vocation culturelle, agissant sans but lucratif » (C. patr., art. D. 423-6).

[4] « La réserve du musée est un lieu essentiel, car la plus grande partie des collections y est souvent conservée » *Cf.* « La réserve, mode d'emploi » *in* "Chiffres clés, statistiques de la culture et de la communication 2020" disponible sur *www.culture.gouv.fr*.

destinés à la recherche scientifique. Par ailleurs, les difficultés liées à la procédure de sortie des biens seraient levées simplifiant ainsi la circulation des biens culturels (et de la connaissance) dans le monde. En effet, l'exportation temporaire ou définitive d'un bien culturel est soumise à autorisation, selon sa valeur et son ancienneté. En sus, il existe une grande diversité de documents exigés selon la catégorie du bien concerné[1].

La reconnaissance de communs culturels permettrait notamment de réinventer la catégorie des « trésors nationaux ». En effet, le principe de libre circulation des marchandises[2] connaît une exception concernant « les trésors nationaux ayant une valeur artistique, historique ou archéologique »[3]. Sont susceptibles de relever de cette catégorie (et donc d'échapper à la libre circulation) les biens figurant sur les inventaires des musées, les archives et les fonds de bibliothèques, les tableaux, sculptures, livres ou encore certains moyens de transports (à l'instar de voitures anciennes de collection). Bien que cette exception soit d'interprétation stricte[4], le fait que la définition de « trésor

---

[1] *Cf.* « Formulaires de demandes d'autorisation d'exportation » disponibles sur *www.culture.gouv.fr*.

[2] Avec la libre de circulation des services, des personnes et des capitaux, la libre circulation des marchandises est l'une des quatre libertés fondamentales du marché unique de l'union européenne. Elle est envisagée au titre 2 de la 3ème partie du TFUE.

[3] Art. 36 TFUE : « Les dispositions des articles 34 et 35 ne font pas obstacle aux interdictions ou restrictions d'importation, d'exportation ou de transit, justifiées par des raisons de moralité publique, d'ordre public, de sécurité publique, de protection de la santé et de la vie des personnes et des animaux ou de préservation des végétaux, *de protection des trésors nationaux ayant une valeur artistique, historique ou archéologique ou de protection de la propriété industrielle et commerciale* ».

[4] La Cour considère que la protection de la « diversité culturelle en général » ne relève pas de la protection des trésors nationaux au sens de l'article 36 TFUE. *Cf.* CJCE, 30 avril 2009, *Fachverband der Buch/und Medienwirtschaft c/ Libro Handelsgesellschaft mbH*, aff C-351/07, point 32.

national » revienne à l'État membre donne le pouvoir à celui-ci de décider si tel bien culturel ne doit pas sortir du territoire (ce qui ne saurait plus envisageable si un texte définissait une liste précise des communs culturels – insusceptibles de propriété). Outre l'internationalisation du service public culturel, la reconnaissance en droit des biens culturels communs a vocation à créer un régime de propriété intermédiaire.

2- La création d'un troisième régime de propriété

Selon Philippe Dagen, l'Art « échappe aux catégories, ce qui transgresse les frontières, ce qui fait craquer les cadres habituels de la pensée et de l'action quotidienne » [1]. La reconnaissance juridique de « communs culturels » conduirait à un nouveau régime de propriété ni privée ni publique[2]. Perdant son statut de « bien », le commun culturel ne peut être accaparé par un propriétaire privé. Cela étant, il n'appartient pas non plus à la propriété de l'État – l'intérêt du bien le faisant échapper à l'appropriation publique[3]. La consécration d'un « patrimoine commun de l'humanité » témoigne de l'autonomie grandissante de cette catégorie de biens[4]. Reste à savoir si la reconnaissance d'une telle catégorie est viable à la fois sur le plan théorique et sur le plan pratique. Il n'en demeure pas moins que les communs permettent de distinguer

---

[1] DAGEN (P.), « Qu'est-ce que l'art, question impossible » *in* DEGUERGUE (M.) (dir.), *L'art et le droit – écrits en hommage à Pierre- Laurent Frier*, Publications de la Sorbonne, coll. Republica, Paris, 2010, p. 111.

[2] CORIAT (B.), *Propriété et communs : idées reçues et propositions*, Utopia, coll. Controverses, Bruxelles, 2018, p. 15.

[3] « Les biens culturels transcendent la *summa divisio* entre les droits privés et publics », HERITIER (A.), « Introduction », *in* PIATTI (M. – C.), QUINQUEREZ (A.), *L'accès aux biens culturels – Quel(s) défi(s) pour le droit ?*, L'Harmattan, coll. Droit du patrimoine culturel et naturel, 2016, p. 17.

[4] RODOTA (S.), « Vers les biens communs. Souveraineté et propriété au XXIe siècle », *Tracés*, 2016, p. 218.

propriété et contrôle de la propriété, accouchant ainsi d'un « pouvoir sans propriété »[1].

Pour ce faire, la France peut s'inspirer de la Constitution italienne qui permet que la propriété soit rendue « accessible à tous » (art. 42). Si ce concept paraît novateur, il existait déjà dans l'Antiquité : les *res communes* (« choses communes ») désignaient les « ressources partagées sans le moindre titulaire d'un droit spécifique sur ces dernières »[2]. Toutefois, ce troisième régime de propriété nécessite de concilier des objectifs contradictoires : simplifier la faculté de chacun à avoir accès à son propre patrimoine d'une part, et au patrimoine commun de l'humanité[3] d'autre part, tout en veillant à la capacité des musées à accueillir, exposer et conserver leurs collections.

§2) Les impasses de la reconnaissance de biens insusceptibles de propriété

Bien que permettant de répondre à la problématique des restitutions des biens, la théorie des communs en matière culturelle rencontre des obstacles aussi bien théoriques (A) que pratiques (B).

A- Les impasses théoriques

Tout d'abord, l'idée de créer des biens culturels insusceptibles de propriété est plus que discutable au sens où elle remet en cause le fondement même de l'existence de

---

[1] *Ibid.*, p. 223.

[2] GROUIEZ (P.), « Le retour des communs : La crise de l'idéologie propriétaire », *Revue de la régulation*, 2015, n° 18, p. 9 citant CORIAT (B.) (dir.), *Le retour des communs : la crise de l'idéologie propriétaire*, Les Liens qui Libèrent, Paris, 2015, p. 9.

[3] Sénat, *Rapport d'information fait au nom de la commission de la culture, de l'éducation et de la communication par la mission d'information sur les restitutions des biens culturels appartenant aux collections publiques, par BRISSON (M.) et OUZOULIAS (P.)*, 16 décembre 2020, p. 7.

l'État. En soi la propriété n'a jamais été absolue, cette dernière pouvant être démembrée (*usus, fructus, abusus*). À ce titre, certains biens ont déjà été reconnus comme insusceptibles d'appropriation publique qu'ils soient naturels (air, espace, eaux extra territoriales) comme culturels (œuvres MNR des biens juifs spoliés pendant la Seconde Guerre mondiale pour lesquelles l'État n'est que le gardien temporaire, certains biens archéologiques). De fait, l'enjeu ne se situe pas au niveau de la propriété, mais au niveau de la souveraineté – qui elle ne se divise pas.

L'étude a en effet démontré que les biens culturels ne sont pas des biens ordinaires, mais des éléments de la souveraineté. Partant, restituer ce n'est pas simplement transférer la patrimonialité d'un bien, mais perdre une partie d'une identité. Comme l'explique Rodota, « on court sinon le risque d'une idéologisation de la catégorie de biens communs, en faisant du "commun" une sorte de clé susceptible d'ouvrir n'importe quelle porte ou de reconnaître un donné « naturel », peu à peu perverti par les intérêts des hommes »[1]. Si la technique du commun fonctionne pour les biens naturels, ce cas n'est donc pas reproductible « dans tous les espaces et toutes les époques »[2].

Par ailleurs, confier l'exploitation du bien culturel à une multiplicité de propriétaires risque d'aboutir à ce que la doctrine appelle la « tragédie des communs »[3]. En effet, une

---

[1] RODOTA (S.), « Vers les biens communs. Souveraineté et propriété au XXIe siècle », *Tracés*, 2016, p. 219.

[2] *Idem.*

[3] Popularisée en 1968 par l'universitaire américain Garrett Hardin, la « tragédie des communs » remet en cause le régime des communs (dans le domaine environnemental) au motif que la multiplicité des propriétaires d'une ressource engendre une multiplicité des risques pour la durabilité de cette dernière (pouvant à terme conduire à sa disparition). *Cf.* HARDIN (G.), « The Tragedy of the Commons », *Science*, 1968, n° 162, p. 1243-1248 traduit en français dans BOURG (D.), HARDIN (G.), *La tragédie des communs*, PUF, 2018, 64 pp.

exploitation massive du bien culturel entre différents Etats aggrave les risques d'abîmer le bien voire de le détruire. Partant, la diffusion de la connaissance (qui motive l'existence des communs) ne serait pas justifiée au regard de la protection spécifique que nécessite ce type de bien (fragile et rare par nature)[1]. En plus des impasses théoriques, la reconnaissance de biens culturels insusceptibles de propriété rencontre des difficultés pratiques.

B- Les impasses pratiques

En premier lieu, la reconnaissance juridique des communs culturels ne peut en toute logique se limiter à l'adoption d'un texte national. Le bien étant partagé entre plusieurs propriétaires faisant office de « communauté », il est nécessaire d'adopter une convention afin d'identifier les États parties, mais également les biens concernés, les biens exclus, les modalités de transfert du bien, sa durée, les circonstances pouvant donner lieu à l'exclusion d'un État[2], la possibilité de l'entrée d'un nouvel État dans la communauté ou encore l'entrée en vigueur de la Convention.

Alors que la plupart des traités permettent aux États parties d'émettre des réserves lors des négociations, les communs empêchent de prévoir des modalités d'acquisition définitive du bien même lorsque ce dernier serait mieux protégé par l'État. Par ailleurs, cela nécessite de cadrer précisément la notion de « bien culturel commun » – à savoir si elle intègre

---

[1] CORNU (M.), L'image des biens culturels au prisme des théories des communs, *op. cit.,* p. 76 : « ce régime soulève des risques d'exploitations abusives ("tragédie des communs") source d'externalités négatives générant des coûts pour les victimes (y compris la société dans sa totalité) non compensés par les bénéfices des bénéficiaires et donc aboutissant à une perte nette de bien-être social ».

[2] Par exemple, un régime politique instable fait peser le risque d'une destruction du bien. Peut également être pris en compte la défectuosité des établissements d'exposition ou de conservation.

les biens mobiliers et immobiliers, matériels et immatériels, de biens qui appartenaient à l'origine aux collections exposées ou aux réserves muséales. Devront être étudiées les modalités logistiques du bien en vue de sa protection. À noter que certains biens culturels ne peuvent être transportés en raison de leur nature (pièce archéologique extrêmement friable, tableau aux dimensions monumentales entre autres).

De surcroît, le service en charge des biens culturels étant d'une certaine technicité, la création d'entités spécifiques serait sans doute nécessaire. La France pourrait créer une autorité administrative indépendante (AAI), d'une autorité publique indépendante (API) ou encore d'une institution *sui generis* qui aurait pour mission spécifique de veiller au bon déroulement du service et du respect de la procédure. Enfin, la création des « biens communs culturels » nécessiterait une modification de la loi à l'instar de la création d'une nouvelle catégorie de biens culturels dans le Code du patrimoine.

Partie II
Approche domaniste de la restitution des biens culturels à l'étranger

Contrairement à la doctrine propriétariste qui considère l'État comme le détenteur absolu, la doctrine domaniste réinterroge la possibilité pour la France de restituer des biens culturels à l'étranger. Selon les défenseurs de cette approche (Foulquet, Proudhon entre autres) l'idée de garde sur le bien exclut toute propriété. L'existence d'un domaine public mobilier empêche que puissent s'appliquer aux objets qui en relèvent les dispositions du Code civil selon lesquelles « en fait de meubles, possession vaut titre »[1]. En outre, la restitution de biens publics culturels à l'étranger invite à modifier les règles de la domanialité publique. Il s'agit de reconsidérer le principe d'inaliénabilité des collections publiques françaises (section 1) ainsi que la procédure de sortie du bien culturel du domaine public (section 2).

Section 1
Le principe d'inaliénabilité des collections publiques françaises

Au cœur du droit de la domanialité publique, l'inaliénabilité des collections publiques joue le rôle de protecteur des biens culturels en France. Bien qu'il présente certains enjeux pour les collections publiques françaises (§1),

---

[1] Cass. crim., 16 juin 1992, *Ville de Chartres*, n° 91-86.829 et n° 92-80.418, point 1.

ce principe demeure très limité aujourd'hui en matière de restitution (§2).

§1) Les enjeux de l'inaliénabilité des collections publiques françaises

Les enjeux de l'inaliénabilité des collections publiques se comprennent par l'évolution même du principe dans le système juridique (A) et également par ses spécificités françaises à l'égard des biens culturels (B).

A- L'évolution du principe d'inaliénabilité des collections publiques

Issu de l'Édit de Moulin de 1566, le principe originel ne protégeait pas les biens culturels. En effet, le texte prévoyait l'inaliénabilité des « biens de la Couronne »[1]. La finalité de consacrer un tel principe était de ne pas morceler le territoire[2] d'une part et de protéger les biens matériels de la monarchie d'autre part. Les rédacteurs ont pris soin d'inscrire deux exceptions au principe d'inaliénabilité. Le principe d'inaliénabilité des collections publiques connaît une première évolution à la Révolution française avec la création du domaine national (1), qui devient le domaine public mobilier au XIXe siècle (2). Davantage favorable aux restitutions, l'époque contemporaine invite à assouplir ce principe (3).

---

[1] A l'époque, la France est une monarchie incarnée par Charles IX.

[2] Les rédacteurs de l'Edit ont sans doute tiré les leçons du Traité de Verdun conclu à la mort de Charlemagne en 843 qui avait conduit à un partage du territoire entre les trois fils héritiers.

1- La création du domaine national à la Révolution française

Domaine de la Couronne et Domaine national – Le principe d'inaliénabilité des biens perdure à la Révolution française. Si la sortie de la domanialité publique des biens culturels n'est pas permise, une nouvelle conception du patrimoine émerge. En effet, le concept de « patrimoine libéré »[1] met en exergue la substitution des biens culturels de la monarchie aux biens culturels de la Nation. Pour autant, les fondements de l'inaliénabilité ne seront pas abandonnés. Créé par les lois du 22 novembre et du 1er décembre 1790, le Code domanial révolutionnaire conforte les principes généraux de l'Ancien régime. D'une part, tous les biens appartenant à l'État relèvent du « domaine national ». L'abandon de la terminologie « domaine de la Couronne » marque ainsi la fin de la monarchie. D'autre part, les biens de la Nation demeurent inaliénables. En outre, les biens culturels ne peuvent être vendus sauf si une loi ou texte de même valeur (« décret du corps législatif ») le prévoit.

Domaine mobilier national – Si le « domaine mobilier » est consacré au XIXe siècle[2], cette notion sera utilisée dans cette partie à des fins pédagogiques. Effectivement, il est davantage question des règles du Code domanial révolutionnaire applicables aux biens-meubles. La découverte des biens culturels sauvés de la destruction sous la Révolution a permis de théoriser deux catégories de biens. Dès lors, sont

---

[1] POMMIER (E.), *L'art de la liberté. Doctrines et débats de la Révolution française*, Gallimard, coll. Bibliothèque des histoires, Paris, 1991, p. 227-228 : « les chefs-d'œuvre de l'art, enfouis sous le poids du despotisme, ont été victimes d'une sorte d'exil ; en les appelant au foyer de la liberté, la Révolution les restitue à la vie, dans leur véritable patrie, celle qui leur est assignée par les principes de 1789, et qui sera désormais leur dernier domicile ».

[2] *cf.* 2- la création du domaine public mobilier au XIXe siècle.

distingués les biens « qui réclament une protection comme propriété de la Nation, mais simplement parce que l'État veut pouvoir les céder ensuite à leur juste valeur, et les œuvres élues pour participer au nouveau patrimoine artistique »[1].

Par comparaison au régime actuel, il y aurait des biens appartenant à la France, mais qui peuvent être restitués, cédés ou échangés et d'autres dont le statut empêche toute aliénation. Le Code de 1790 dispose en effet que les *res in patrimonio nostro* sont décrétées aliénables, l'État pouvant en disposer librement au nom de sa pleine et entière propriété. C'est le cas par exemple des « cinq grandes glaces destinées à des présents que doit faire la Nation »[2]. Les conservateurs de musée souhaitant à la fois pouvoir les protéger des dégradations et les aliéner par la suite, ces glaces ont été qualifiées de « propriété nationale »[3].

A contrario, des biens seront inaliénables en raison de leur esthétisme particulier et de leur valeur historique. En plus d'être protégés, ces biens ne peuvent être acquis ni par une personne privée ni par une collectivité étrangère à la Nation[4]. Juridiquement, cette distinction entre ces deux catégories de biens culturels est justifiée par un critère bien connu : l'affectation. En effet, les biens non aliénables n'ont pas qu'une fonction ornementale, mais sont affectés à

---

[1] BRISSAUD (O.), « L'élaboration du principe d'inaliénabilité pour les collections muséales et les biens du domaine public mobilier sous la Révolution française », *Livraisons d'histoire de l'architecture*, 2013, n° 26, p. 142.

[2] *Cf.* CANTAREL-BESSON (Y.), *La Naissance du Musée du Louvre. Procès-verbaux des séances du Conservatoire du Muséum national des arts*, Paris, Réunion des musées nationaux, 1981, t. I, p. 230.

[3] *Idem.*

[4] BRISSAUD (O.), « L'élaboration du principe d'inaliénabilité pour les collections muséales et les biens du domaine public mobilier sous la Révolution française », *op. cit.*, p. 142.

« l'éducation artistique de tous les citoyens, correspondant à une nécessité publique »[1].

De nos jours, le législateur exige une « affectation à l'usage direct du public »,[2] mais il s'agit du même critère. Par ailleurs, le Code domanial révolutionnaire prévoyait que c'est au pouvoir législatif[3] de juger de cette affectation et de déterminer la protection des propriétés nationales.

Administration du domaine mobilier culturel – Cette volonté politique de protection des biens culturels s'est concrétisée juridiquement par la création d'une Administration de l'Art. La création de la *Commission des arts* a un double objectif : permettre que les biens culturels soient portés à la connaissance des citoyens et veiller à ce qu'ils ne soient pas aliénés que ce soit par des personnes privées ou publiques. C'est ainsi que la Commission a refusé l'échange proposé par le curé de Saint-Germain-des-Prés, Roussineau, en septembre 1793[4]. Pour qu'un bien culturel soit considéré comme *usus publicus* (à savoir un bien du domaine national non susceptible d'être aliéné), le législateur révolutionnaire exige deux conditions cumulatives : « une condition de fait, l'usage matériel de la chose, et une condition de droit, l'affectation préalable et régulière de la chose à l'usage qui en est fait »[5].

---

[1] *Idem.*

[2] « Les œuvres d'art appartiennent au législateur, il doit les conserver à leur noble destination » *in* RAYMOND (G.-M.), *De la Peinture considérée dans ses effets sur les hommes en général et de son influence sur les mœurs et le gouvernement des peuples*, Hachette BNF, coll. Arts, Paris, 2017, p. 237.

[3] La loi étant l'expression de la volonté nationale.

[4] BRISSAUD (O.), « L'élaboration du principe d'inaliénabilité pour les collections muséales et les biens du domaine public mobilier sous la Révolution française », *op. cit.*, p. 145 ; « À défaut de *res publicae* – indisponibles et insusceptibles de propriété – les biens culturels deviennent des *res communes* auxquelles tout le monde doit pouvoir accéder », p. 146.

[5] *Ibid.,* p. 153.

Bien que ces conditions soient proches de la législation actuelle, le bien culturel a une particularité sous la Révolution française : le caractère sacré. En effet, l'Art ne relève pas simplement de la culture personnelle ou du divertissement, il est un moyen d'accéder au divin (la représentation des Icones en est la meilleure illustration). En étant au service de la religion, le bien culturel dépasse le champ du droit. Toutefois, le principe d'inaliénabilité n'a pas empêché la vente des biens du domaine de la Nation par le Code domanial de 1790[1]. Si le terme d'« inaliénabilité » appliqué aux biens artistiques disparaît à la Révolution, il réapparaît sous l'Empire avec le sénatus-consulte de 1810. L'inaliénabilité des collections publiques perdure au XIXe siècle et connaît une évolution avec la création du domaine public mobilier.

2- La création du domaine public mobilier au XIXe siècle

À travers la création du domaine public mobilier, le XIXe siècle fait émerger un nouveau paradigme : d'abord naturaliste, la conception du domaine public culturel est davantage finaliste.

Conception « naturaliste » du domaine public culturel – Création majeure du XIXe siècle, le Code civil de 1804 impacte également la conception du domaine public, et par capillarité, celle des biens culturels nationaux. Si l'entreprise napoléonienne a conduit au vol des biens culturels à travers le monde, elle a toutefois contribué à enrichir les collections françaises. Avec ce régime, c'est la conception même du domaine public mobilier qui change. L'article 538 originel du Code civil permet à toute chose d'être appropriée – et donc de

[1] BRISSAUD (O.), « L'élaboration du principe d'inaliénabilité pour les collections muséales et les biens du domaine public mobilier sous la Révolution française », *Association Livraisons d'histoire de l'architecture – Livraisons d'histoire de l'architecture*, n° 26, 2013, p. 141.

faire partie du domaine public – au motif de la seule présence du bien sur le territoire français. Dans son célèbre *Traité du domaine public* de 1833[1], Victor Proudhon conforte cette vision naturaliste en distinguant le « Domaine public » à proprement parler et « le reste » à savoir le domaine de l'État. En outre, le domaine public s'entend des biens culturels qui sont affectés au public – qui a un droit d'accès et d'utilisation du domaine. En revanche, l'État n'a qu'un pouvoir restreint sur ce domaine : ne possédant pas intégralement le bien culturel, il n'a qu'un droit de garde. En parallèle, l'État jouit d'un autre domaine (qui n'est pas utilisé par le public) sur lequel il possède un droit « normal » à l'image d'un Fort utile à la Défense.

Conception « finaliste » du domaine public culturel – Pour reprendre les termes de Foulquier[2] « la doctrine de la fin du XIXe siècle et du début du XXe siècle était attachée à la distinction des domaines publics et privés » abandonnant ainsi la conception « naturaliste » du domaine public du début du siècle. En d'autres termes, il ne suffit pas qu'un bien culturel soit physiquement sur le territoire national pour être approprié. L'appartenance du bien culturel au domaine public nécessite une affectation de celui-ci au service public culturel lui permettant ainsi de bénéficier du régime d'inaliénabilité. La Cour de cassation a rappelé que les objets mobiliers du domaine sont inaliénables et imprescriptibles de leur nature[3].

---

[1] PROUDHON (J.-B.-V.), *Traité du domaine public ou de la distinction des biens considérés principalement par rapport au domaine public*, t. 1, Hachette, coll. Sciences sociales, Paris, 2014, 524 pp.

[2] FOULQUIER (N.), *Droit administratif des biens*, LexisNexis, coll. Manuel, 3ème éd., Paris, 2015, p. 62.

[3] Cass. civ., 10 août 1841, *Cousin, c. de Maillé et la liste civile*, n° D. 1851 T17 68-69), S 1841, I, 742, Bull. civ. 1841, n° 104, point 1.: « Attendu que c'est une maxime fondamentale en France que les biens qui composent la dotation de la Couronne sont inaliénables et imprescriptibles de leur nature ».

Comme le souligne Beauregard-Berthier « la question de savoir si le domaine public pouvait contenir des biens meubles a soulevé de nombreuses discussions au sein de la doctrine du XIXe siècle »[1]. Pour cause, la doxa estimait que les biens du domaine public ne pouvaient en aucun être aliénés par des propriétaires privés. La jurisprudence Cousin du 10 août 1841 a mis un terme à cette controverse en ce qu'elle reconnaît de manière explicite « l'existence d'un domaine public mobilier »[2]. Cette protection des biens culturels n'a cependant pas empêché « la vente spectaculaire d'une partie des joyaux de la Couronne » par la loi du 10 décembre 1886[3]. Si la Révolution symbolise la dispersion des biens culturels et le XIXe siècle celui des campagnes napoléoniennes, l'époque contemporaine tente de réparer, autant que faire ce peu, les atteintes les plus symboliques aux biens culturels étrangers.

B- Vision contemporaine du domaine public à l'aune des restitutions

Deux écueils sont à proscrire dans notre analyse. Le premier est celui qui réduit l'époque contemporaine à la période des restitutions de biens culturels. L'idée de cette partie étant d'analyser le régime juridique par rapport aux précédents dans une démarche chronologique et pédagogique. Le second écueil est de céder à la vision « simpliste » qui conçoit la Révolution française comme une période de rupture totale avec les principes de l'Ancien régime et qui accable l'époque napoléonienne de tous les maux schématisant ainsi un « camp du Mal au camp du

---

[1] BEAUREGARD-BERTHIER (O.-D), *Droit administratif des biens*, Gualino, 9ème éd., Paris, 2013, p. 71.

[2] Cass. Civ., 10 août 1841, Cousin, *op. cit.*

[3] BASTIEN (H.), « A quoi sert le domaine public mobilier ? L'exemple des biens culturels : l'émergence d'un véritable "domaine protégé" », *AJDA* 1993, p. 675.

Bien » (celui des réparations) qui n'est évidemment pas l'objet du devoir.

Si la reconnaissance de la domanialité publique des meubles a longtemps divisé la doctrine, la controverse est close par le CGPPP en 2006. L'article L2112-1 du Code définit[1] pour la première fois le domaine public mobilier. Pour cette définition, le législateur a utilisé deux méthodes : la méthode conceptuelle (définition globale d'un concept) et la méthode énumérative qui établit une liste non exhaustive[2] des biens faisant partie du domaine public. Plus spécifiquement, les règles de la domanialité publique mobilière visent à concilier la protection du patrimoine avec son exploitation. La restitution ne doit pas être systématiquement autorisée au nom de son exploitation et de sa diffusion au plus grand nombre ni être prohibée au seul nom de l'inaliénabilité des collections publiques[3].

Ce fragile équilibre explique que la question des restitutions attise toujours le débat public. La conférence de la paix de 1919 [4] amorce la réflexion en abordant, notamment, la réparation des déplacements forcés de biens culturels voire de leur destruction. Deux apports majeurs de cette Conférence internationale sont à souligner : « les vols, les spoliations et les transferts de patrimoines sont déclarés

---

[1] Cette définition reprend largement formulation de l'article L1 du Code du patrimoine : « Le patrimoine s'entend, au sens du présent code, de l'ensemble des biens, immobiliers ou mobiliers, relevant de la propriété publique ou privée, *qui présentent un intérêt historique, artistique, archéologique, esthétique, scientifique ou technique* ».

[2] Le terme « notamment » invite le juge à étendre la domanialité publique à d'autres meubles, à d'autres types de biens que ceux prévus expressément dans le texte.

[3] PONTIER (J.-M.), « La restitution des œuvres d'art », *Revue Lamy Droit de l'immatériel*, 2012, n°79, pp. 89-98.

[4] Conférence internationale réunissant les vainqueurs de la Première Guerre mondiale et qui négocie les modalités de la paix entre les Alliés et les vaincus.

imprescriptibles »[1]. Quant aux clauses de restitution[2], elles sont systématiquement intégrées dans les traités. Cela n'a pas pour autant impacté la conception juridique française attachée à l'inaliénabilité. Conçu comme un garde-fou, le principe d'inaliénabilité semble être devenu insuffisant pour s'opposer à toute opération de restitution de biens culturels.

§2) Les limites de l'inaliénabilité en matière de restitution

Le principe d'inaliénabilité des biens publics culturels ne permet plus de régler la question des restitutions. De nos jours, les arguments en faveur de la restitution nourrissent le débat public qu'ils soient de nature juridique, politique, diplomatique ou encore éthique. Trois arguments juridiques en faveur de la restitution de biens culturels sont particulièrement pertinents. Bien que présenté comme un principe absolu, l'inaliénabilité est pourtant dotée d'une « simple » valeur législative (A). Par ailleurs, le processus législatif n'est pas le seul dispositif permettant de restituer un bien culturel (B). Enfin, la théorie de l'accessoire en droit administratif peut s'appliquer aux biens culturels restituables (C).

---

[1] DURET-ROBERT (F.), CANAT (J.-F.), ESKENAZY (D.), HANSEN (P.), MAUGER-VIELPEAU (L.), *Droit du marché de l'art 2020/2021*, Dalloz, coll. Dalloz Action, 7ème éd., 2020, p. 166.

[2] *Ibid.,* p. 165 « La plupart des traités de paix qui mettent fin à la Première Guerre mondiale incluent des dispositions rétroactives en matière de restitution de biens culturels. Liquider les conséquences du conflit ne suffit plus et le caractère *ad hoc* des traités doit aussi permettre de revenir sur des situations antérieures sans lien avec le conflit et jusqu'alors prescrites ».

A- Un principe de valeur législative

Conçus comme les deux corollaires de l'inaliénabilité, le principe d'imprescriptibilité[1] et le principe d'insaisissabilité[2] ont valeur législative. Consacrée aux articles L3111-1 du CGPPP et L. 451-5 du Code du patrimoine, l'inaliénabilité des biens publics est également un principe de valeur législative. Ainsi, il est tout à fait envisageable d'assouplir ce régime notamment en multipliant les exceptions au principe dans la loi pour certaines catégories de biens meubles[3]. Il est également possible d'inverser la logique en faisant de l'inaliénabilité une exception. Pour certains[4], il serait même envisageable de retirer ce principe de l'ordonnancement juridique.

De toute manière, ce principe d'inaliénabilité « n'est et ne doit être, en aucun cas, un carcan absolu qui empêcherait tout déclassement potentiel des objets culturels »[5]. Reconnue conforme à la Constitution, l'inaliénabilité du domaine public n'a pour autant pas de caractère absolu[6]. En effet, la valeur

---

[1] Le principe d'imprescriptibilité est souvent présenté comme le corollaire de l'inaliénabilité. Ce principe s'oppose à l'existence d'une prescription acquisitive qui aboutirait à priver une personne publique d'une dépendance de son domaine public. *Cf.* BIGLIONE (F.), « Domanialité publique et protection des biens culturels », *Legicom*, 2006, n° 36, p. 69.

[2] Sur le principe d'insaisissabilité des biens publics, *cf.* BEAUREGARD-BERTHIER (O.-D), *Droit administratif des biens*, Gualino, 9ème éd., Paris, 2013, p. 36.

[3] Cela permettrait d'éviter de passer une loi à chaque fois que l'Etat souhaite restituer un ou plusieurs biens culturels.

[4] DELALOY (G.), « Faut-il supprimer le principe d'inaliénabilité du domaine public ? », *RDP*, n°3, p. 575.

[5] GAY (A.), *La restitution des biens culturels à leur pays d'origine- Un débat au carrefour entre le droit, la politique et la morale*, Université lumière Lyon 2, 2013, p. 31.

[6] BIGLIONE (F.), « Domanialité publique et protection des biens culturels », *Legicom*, 2006, n° 36, p. 68. Cette protection conférée par le principe d'inaliénabilité n'est cependant pas absolue.

constitutionnelle de ce principe a été explicitement refusée[1], laissant la possibilité au législateur de l'assouplir pour certains biens culturels. En dérogeant à nouveau au principe d'inaliénabilité des biens, la loi du 21 février 2022[2] a permis la restitution de quinze tableaux, dessins et sculpture des collections publiques françaises, spoliés avant et pendant la Seconde Guerre mondiale[3].

Toutefois, la conception quasi « sacrée » de l'inaliénabilité[4] en France lui permet d'entrer en concurrence avec d'autres principes de même valeur juridique voire d'une valeur supérieure lors des demandes de restitutions de biens culturels. C'est le cas du principe de dignité de la personne humaine dans le cas des restes humains présents dans les

---

[1] Cons. const. 21 juillet 1994, *Loi complétant le code du domaine de l'état et relative à la constitution de droits réels sur le domaine public*, n° 94-346 DC, point 14 ; Cons. const. 23 juillet 1996, *Loi relative à l'entreprise nationale France Télécom*, n° 96-380 DC, point 5.

[2] LOI n° 2022-218 du 21 février 2022 relative à la restitution ou la remise de certains biens culturels aux ayants droit de leurs propriétaires victimes de persécutions antisémites, JORF n°0044 du 22 février 2022.

[3] Tous les biens culturels spoliés aux juifs durant la seconde guerre mondiale n'ont pas la même nature juridique. Si les œuvres dites MNR n'appartiennent pas à la propriété de l'Etat français et sont directement restituables une fois les ayants droits identifiés (*cf.* 2- La catégorisation des biens culturels insusceptibles de propriété), ce n'est pas le cas des biens spoliés qui ont intégré les collections publiques françaises. Le déclassement par la voie administrative ne permettant pas de faire sortir du domaine public, il est nécessaire d'adopter une loi pour les déclasser avant de les restituer à leurs ayants-droits.

[4] A ce titre, certains qualifient le principe d'inaliénabilité des biens du domaine public comme un « mythe conceptuel durable » du droit public français. *Cf.* DE GAUDEMAR (H.), « L'inaliénabilité du domaine public, une nouvelle lecture », *Revue Lamy Droit et Patrimoine*, 2009, n° 179. Pour certains, « La seule manière de protéger les collections muséales, c'est l'inaliénabilité absolue des collections ! » *Cf.* RYKNER (D.), « Interview d'Yves-Bernard Debie à propos de la "loi de restitution" au Bénin et au Sénégal », 22 décembre 2020.

collections publiques. Pour justifier la restitution de dépouilles humaines, les États ne se fondent pas sur le régime des « biens culturels », mais sur celui des « restes humains archéologiques »[1]. Selon l'article 16-1-1 du Code civil « le respect dû au corps humain ne cesse pas avec la mort. Les restes des personnes décédées, y compris les cendres de celles dont le corps a donné lieu à crémation, doivent être traités avec respect, dignité et décence ». Ainsi, dans l'affaire des têtes maories, la Nouvelle-Zélande réclamait la dépouille d'anciennes « têtes momifiées d'ennemis à celles d'esclaves tatouées de force par les maoris »[2].

Il ne s'agissait pas de sculptures, mais bien de véritables têtes humaines qui ont été conservées et exposées dans différents musées du monde[3]. Ces esclaves ont en effet été « transformés en presse-papiers décoratifs »[4]. Le conseil municipal de Rouen avait décidé du retour de ces têtes à la Nouvelle-Zélande par une simple décision, et ce, au nom du respect à la dignité de la personne humaine[5].

---

[1] BIOY (X.), « Le statut des restes humains archéologiques – Commentaire de la loi du 18 mai 2010 visant à autoriser la restitution par la France des têtes maories à la Nouvelle-Zélande et relative à la gestion des collections », *RDP*, n°1, 2011, p. 89.

[2] GAY (A.), *La restitution des biens culturels à leur pays d'origine- Un débat au carrefour entre le droit, la politique et la morale*, *op. cit.* p. 25.

[3] En France mais aussi : Suède, Royaume-Uni, Australie, Suisse, Danemark, Argentine, Etats-Unis, Allemagne, Pays-Bas, Canada.

[4] JOURNET (N.), « Le droit au retour des ancêtres », *Sciences humaines*, 2009, n°201, p. 16.

[5] « Le conseil municipal de Rouen avait ainsi fondé sa décision de rendre la tête maorie conservée dans les collections du musée municipal par le fait, d'une part, que le commerce des têtes tatouées avaient été à l'origine d'actes de barbarie ayant entraîné la mort et, d'autre part, que la restitution rendrait possible l'inhumation de la tête de façon digne et respectueuse des coutumes de son peuple ». *Cf.* Sénat, *Rapport d'information fait au nom de la commission de la culture, de l'éducation et de la communication par la mission d'information sur les restitutions des biens culturels appartenant aux collections publiques, par BRISSON (M.) et OUZOULIAS (P.)*, 16 décembre 2020, p. 14.

Suite à un contentieux[1], l'opération de restitution avait finalement nécessitait l'adoption d'une loi[2]. Le principe de respect à la dignité de la personne humaine ayant valeur constitutionnelle, ces biens ne peuvent être exposés en France et doivent être rendus à leur pays d'origine. Cette restitution rappelle celle de la Vénus Hottentote à l'Afrique du Sud. Il ne s'agit pas ici d'une peinture, mais bien d'une dépouille humaine de femme[3]. Considérée comme un « spécimen exotique », cette esclave a été amenée de force en France pour être « exposée » dans les zoos humains. Elle est finalement décédée en France avant que sa dépouille soit conservée dans du formol et exposée au Museum national d'Histoire naturelle. Au nom de la dignité humaine, sa dépouille fût demandée dès les années 1940 par l'Afrique du Sud. À la fin de l'*apartheid*, Nelson Mandela réitère la demande de restitution, cette dernière étant finalement actée par la loi de 2002[4].

Principe cardinal du droit administratif des biens, le principe d'inaliénabilité est toutefois concurrencé par d'autres principes juridiquement supérieurs. Toutefois, accepter de restituer des biens culturels aux États étrangers au seul nom de la dignité de la personne humaine semble dangereux. À ce titre, pourquoi ne pas rendre l'ensemble des statuettes

---

[1] TA Rouen, ord. du 24 octobre 2007, *Préfet de la région Haute-Normandie, Préfet de la Seine-Maritime*, n° 0702736, point 2 ; TA Rouen, 27 décembre 2007, *Préfet de la Seine-Maritime c/ Ville de Rouen*, n° 0702737, point 1 ; CAA Douai, 24 juillet 2008, *Commune de Rouen c/ Préfet de la région Haute- Normandie, Préfet de Seine-Maritime*, n° 08DA00405, *AJDA* 2008, p. 1896, concl J. Lepers, point 2.

[2] LOI n° 2010-501 du 18 mai 2010 visant à autoriser la restitution par la France des têtes maories à la Nouvelle- Zélande et relative à la gestion des collections, JORF n°0114 du 19 mai 2010, p. 9210.

[3] Personne connue sous le nom de Saartjie Baartman.

[4] LOI n° 2002-323 du 6 mars 2002 relative à la restitution par la France de la dépouille mortelle de Saartjie Baartman à l'Afrique du Sud, JORF n° 56 du 7 mars 2002.

funéraires ou les momies qui enrichissent nos collections publiques ? Si ces restitutions sont justifiées par le caractère unique et exceptionnel des lois de restitution, l'avenir des restes humains archéologiques dans nos musées laisse perplexe. Il s'avère que l'exécutif a sollicité d'autres dispositifs (autres qu'une loi) pour restituer des biens culturels en faisant fi du principe d'inaliénabilité des collections publiques.

B- Le détournement des dispositifs juridiques aux fins de restitution

Le principe d'inaliénabilité ayant valeur légale, toute opération nécessite normalement l'autorisation du législateur pour que le bien sorte définitivement des collections publiques françaises[1]. Si les « lois de circonstances »[2] sont la solution à envisager, force est de constater que la restitution de biens culturels aux États étrangers est opérée dans la grande majorité des cas par des accords bilatéraux. Pour contourner le principe d'inaliénabilité des collections publiques, l'exécutif détourne l'usage de différents dispositifs à savoir : la mise en dépôt préalable, la qualification de prêt longue durée, voire dans certains cas l'absence de tout dispositif juridique.

Mise en dépôt préalable du bien culturel – Empruntée au droit civil[3], la convention de dépôt est reprise par l'article L112-17 du Code du patrimoine en matière de

[1] Sénat, *Rapport d'information fait au nom de la commission de la culture, de l'éducation et de la communication par la mission d'information sur les restitutions des biens culturels appartenant aux collections publiques, par BRISSON (M.) et OUZOULIAS (P.)*, 16 décembre 2020, p. 11.
[2] *Ibid.*, p. 14 : « Les lois de circonstances apparaissent aujourd'hui comme la formule la plus adaptée à la restitution, non de catégories et d'ensembles indéfinis d'objets, mais d'objets définis, identifiés et documentés ».
[3] Art. 1915 du Code civil : *« Le dépôt, en général, est un acte par lequel on reçoit la chose d'autrui, à la charge de la garder et de la restituer en nature »*.

restitution. L'article prévoit ainsi : « L'Etat devient dépositaire du bien restitué jusqu'à ce qu'il soit remis à son propriétaire après que, le cas échéant, il a été statué sur la propriété du bien. L'État peut désigner un autre dépositaire. Ce bien peut être exposé pendant toute la durée du dépôt ». Par cette formule il faut comprendre : le bien n'est pas restitué, mais mis en dépôt, le temps de vérifier le véritable propriétaire du bien. Juridiquement, la France n'est que la gardienne d'un bien qui ne lui appartient plus. À terme, elle restituera matériellement le bien. Si cette procédure est destinée à protéger les biens culturels, l'exécutif a détourné le sens en permettant une mise en dépôt préalable à l'adoption de la loi. En clair, le bien est restitué au pays étranger sans aucun délai. Le temps du dépôt ne consiste plus à vérifier la propriété du bien culturel, mais seulement à adopter une loi permettant de transférer la propriété du bien.

Outre un détournement de l'article, c'est bien une entorse au principe d'inaliénabilité dont il est question. Pour acter cette mise en dépôt, le gouvernement français va conclure une convention de dépôt normalement prévue pour les prêts[1] de biens culturels. Cette pratique a été mise en œuvre dans de nombreuses affaires de restitutions : le retour des 26 œuvres au Bénin[2] en 2019, le sabre attribué à El Hadj Omar Tall remis

---

[1] C. patr., art. D113-2 : « *Les prêts font l'objet d'une convention passée entre l'Etat et l'emprunteur*, après avis du comité consultatif des prêts et dépôts mentionné à l'article D. 113-24. Le comité étudie le projet scientifique de l'exposition, examine l'état des œuvres dont le prêt est demandé et apprécie les garanties de sécurité ainsi que les conditions de conservation prévues pour le transport et l'exposition ».

[2] Ne voulant pas attendre une loi permettant le transfert d'œuvres des collections publiques, le ministre de la culture avait affirmait que les objets seraient envoyés en dépôt car « ces 26 œuvres doivent pouvoir être vues, admirées et étudiées au Bénin ». *Cf.* Discours de Franck Riester, ministre de la Culture, prononcé à l'occasion du forum « Patrimoines africains : réussir ensemble notre nouvelle coopération culturelle », jeudi 4 juillet 2019, disponible sur *www.cultue.gouv.fr*.

au Sénégal[1], les vingt-quatre crânes de combattants restitués à l'Algérie [2] en 2020, et plus récemment, la couronne surplombant le dais de la Reine Ranavalona III à Madagascar[3]. Cette instrumentalisation de la procédure de dépôt n'est pas sans conséquence. Le Sénat a notamment souligné qu'elle empêche « tout débat scientifique, historique, philosophique et juridique sur l'opportunité et le bien-fondé de ces restitutions »[4].

En permettant que la loi soit adoptée après la restitution des œuvres d'art (simple validation *a posteriori*), le gouvernement réduit le Parlement à une simple chambre d'enregistrement. Enfin, la mise en dépôt immédiate prive « les musées du temps nécessaire pour l'étude, la numérisation ou la copie du bien »[5].

La requalification de la restitution en « prêt renouvelable » – En parallèle de la mise en dépôt préalable en vue d'échapper au principe d'inaliénabilité, le gouvernement a pour stratégie de requalifier une restitution en « prêt renouvelable ».

---

[1] Le sabre dit d'El Hadj a été remis en personne par le Premier ministre (Edouard Philippe) au Président sénégalais (Macky Sall) le 17 novembre 2019 à Dakar alors que la loi permettant la restitution date du 24 décembre 2020. *Cf.* Le Monde, « « La première œuvre qui est "restituée" à l'Afrique est un objet européen », 24 novembre 2019, disponible sur *www.lemonde.fr.*

[2] Les crânes sont remis le 3 juillet 2020 à l'Algérie et inhumés deux jours plus tard. *Cf.* Le Monde, « La France remet à l'Algérie vingt-quatre crânes de résistants décapités au XIXe siècle et entreposés à Paris », 3 juillet 2020, disponible sur *www.lemonde.fr.*

[3] Remis effectivement le 5 novembre 2015 à Madagascar, le bien culturel est pourtant considéré comme mis en dépôt, le temps que la procédure législative permettant transfert de propriété définitif est aboutie. *Cf.* A.N., Proposition de loi relative à la restitution de la couronne du dais de la reine Ranavalona III à la République de Madagascar, n° 4133, enregistrée le 4 mai 2021.

[4] Sénat, *Rapport d'information fait au nom de la commission de la culture, de l'éducation et de la communication par la mission d'information sur les restitutions des biens culturels appartenant aux collections publiques, par BRISSON (M.) et OUZOULIAS (P.)*, 16 décembre 2020, p. 17.

[5] *Ibid.*, p. 18.

En application de l'article D423-6 du Code du patrimoine, les musées nationaux peuvent prêter des biens culturels appartenant à leurs collections pour des « expositions temporaires » à l'étranger. Si le prêt peut être renouvelé au terme de la convention[1], il n'est pas question de la reconduire systématiquement. Par opposition à la restitution qui est une action transférant le droit de propriété et qui est définitive, le prêt n'a pour objet que la disposition du bien pour une période limitée dans le temps[2]. Pourtant, le gouvernement a fait usage de cette technique dans le cadre des manuscrits coréens. Remis par la France le 14 avril 2011[3] à la Corée du Sud, aucune loi n'est venue autoriser la sortie du bien du domaine public. Pour cause, un décret en date du 16 mai 2011[4] est venu acter un « prêt » pour une durée de 5 ans renouvelable[5]. Si les manuscrits ne quitteront jamais la Corée du Sud, la France demeure le propriétaire des biens sur le plan juridique d'où l'idée d'une restitution déguisée[6].

---

[1] Dans la pratique, le prêt est généralement octroyé pour une durée de 5 ans renouvelable, *cf.* « Prêts et dépôts des collections de l'Etat dans les musées de France », 7 juillet 2020, disponible sur *www.culture.gouv.fr*.

[2] Par définition, un prêt à usage est un contrat par lequel une partie s'engage à met à la disposition de l'autre partie une chose non consomptible qui doit être restituée en nature par l'emprunteur. En droit civil le prêt à usage (*commodat*) s'oppose au prêt de consommation (*mutuum*). Le premier oblige l'emprunteur à restituer la chose. Le second permet autant de choses de même espèce et de même qualité. *Cf.* GUINCHARD (S.), DEBARD (T.), *Lexique des termes juridiques*, Dalloz, coll. Lexiques, 28e éd., Paris, 2020, p. 814.

[3] *Le Monde*, « La France restitue des manuscrits historiques à la Corée du Sud, 15 avril 2011 », disponible sur *www.lemonde.fr*.

[4] Décret n° 2011-527 du 16 mai 2011 portant publication de l'accord entre le Gouvernement de la République française et le Gouvernement de la République de Corée relatif aux manuscrits royaux de la Dynastie Joseon, signé à Paris le 7 février 2011.

[5] Article 1er: « Le prêt est consenti pour une période de cinq ans renouvelable ».

[6] Sénat, *Rapport d'information fait au nom de la commission de la culture, de l'éducation et de la communication par la mission d'information sur les restitutions des biens culturels appartenant aux collections publiques, par*

Cette technique du prêt renouvelable a inspiré nos voisins d'outre-Manche. En 2017, le *Victoria and Albert Museum* de Londres a proposé un « prêt longue durée » à l'Éthiopie dans l'optique d'un retour des objets pillés en 1868[1].

L'absence de tout dispositif juridique – Parfois, l'opération de restitution se suffit à elle-même, c'est-à-dire que le bien a fait l'objet d'une transaction sans qu'il n'y ait de dispositif juridique. Lorsqu'un chef d'État effectue un déplacement officiel à l'étranger, il convient de lui offrir un présent, connu sous le nom de « cadeau diplomatique ». Parmi ces cadeaux, il est courant d'offrir un bien culturel. De nombreuses œuvres ont pu être acquises par la France par ce biais. C'est le cas du don par l'Égypte d'un buste en grès d'Aménophis IV pour remercier la France dans sa participation au sauvetage des temples de Nubie[2].

Il est arrivé que certains cadeaux reçus par la France soient restitués en raison de leur origine illicite. Ainsi, en 1991, Jacques Chirac, alors Président de la République, s'est vu

---

BRISSON (M.) et OUZOULIAS (P.), 16 décembre 2020, p. 12 : « après un prêt de longue durée pour un premier manuscrit mis en place en 1993, le reste des 297 manuscrits a été retourné en 2011 dans le cadre d'un prêt pour une période de cinq ans renouvelable, avec la garantie d'un maintien de l'accès aux manuscrits pour la Bibliothèque nationale de France ».

[1] Lors de la bataille de Magdala en 1868, le Royaume-Uni a mené une expédition punitive en Éthiopie conduisant au pillage d'œuvre d'art. Lors de la commémoration de la bataille en 2018, le directeur du musée londonien a proposé un « prêt longue durée » à l'Ethiopie des œuvres qui s'apparente en réalité à une restitution. *Cf.* LANTA MAESTRATI (A.), « Le Victoria & Albert Museum rouvre le débat sur la restitution du patrimoine éthiopien », 5 avril 2018, disponible sur *www.lejournaldesarts.fr*.

[2] Accord relatif au don d'une statue provenant des fouilles de Karnak par le Gouvernement égyptien au Gouvernement français, signé au Caire le 11 mars 1972, cet accord a été conclu entre Dr. Gamal Moukhtar (Sous-Secrétaire d'Etat au Ministère de la Culture et de l'Information égyptien) et M. François Puaux (Ambassadeur de France auprès de la République arabe d'Egypte).

offrir un objet en forme de bélier par le Mali. L'archéologue Jean Polet qui avait vu l'objet à Thial (Mali) quelques années plus tôt avait immédiatement donné l'alerte. En effet, le site archélogique de Thial est connu pour avoir été pillé par ses villageois en raison du contexte politique. Suite au scandale médiatique, ce bélier a été restitué au Mali où il est exposé au musée de Bamako depuis 2008[1].

Si des scandales ont éclaté concernant les cadeaux diplomatiques reçus, cela est encore plus grave lorsqu'ils ont été offerts par la France. Lorsque ce bien fait partie du domaine public – et que la remise du cadeau est effective – il y a donc une atteinte manifeste au principe d'inaliénabilité. Ainsi, le choix du cadeau pour la visite officielle du Président François Hollande les 19 et 20 décembre 2012[2] en Algérie avait provoqué l'indignation en particulier des conservateurs de musée. Les biens envisagés par l'Élysée appartenaient en effet au domaine public rendant ainsi l'opération illégale. Ont été successivement abandonnées les propositions de restituer le canon Baba Merzoug, les clefs d'honneur d'Alger ainsi que les tableaux « La Biche morte » de Gustave Courbet et « La Becquée » de Jean-François Millet[3]. C'est notamment l'idée de restituer les clefs d'Alger (détenues au musée de l'Armée à Paris) qui avait scandalisé l'opinion publique. Émanant du ministère français des Affaires étrangères, cette proposition posait deux problèmes juridiques majeurs. En effet, l'Algérie n'a jamais officialisé de demande en ce sens. Surtout, ces clefs relèvent de la catégorie des trésors nationaux et sont, à ce titre,

---

[1] GAY (A.), *La restitution des biens culturels à leur pays d'origine- Un débat au carrefour entre le droit, la politique et la morale*, Université lumière Lyon 2, 2013, p. 46.

[2] MANDRAUD (I.), « France-Algérie : cherche cadeau symbolique pour réconciliation », 4 décembre 2012, disponible sur *www.lemonde.fr*.

[3] Pour une analyse des différents cadeaux diplomatiques envisagés : *cf.* AIRAULT (P.), « France – Algérie : deux chevaux, un tableau, un livre, une sculpture… les cadeaux de la rencontre Hollande-Bouteflika », 18 décembre 2012, disponible sur *www.jeuneafrique.com*.

inaliénables. Finalement conservées en France[1], un autre cadeau a été offert à l'Algérie[2].

Outre l'épisode algérien, la remise des cadeaux diplomatiques se fait, la plupart du temps, à l'abri des médias ce qui évite les polémiques, mais aussi tout contrôle juridique sur la qualité des biens offerts. La restitution des rapaces en or à la Chine en est un parfait exemple[3]. Cette pratique qui permet de manière détournée de restituer des biens culturels est rendue possible par l'opacité des transactions. Contrairement à d'autres régimes (États-Unis, Canada et au Royaume-Uni) la France n'est pas transparente sur les cadeaux diplomatiques[4]. Ainsi, il serait opportun de rendre obligatoire la communication par le gouvernement des cadeaux « reçus » – pour prévenir d'une appropriation illégale

---

[1] RYKNER (D.) « Les clés d'Alger resteront au Musée de l'Armée », 14 décembre 2012, disponible sur *www.latribunedelart.com.*

[2] Finalement, la France a offert un livre ancien de 1859, un récit de deux voyages en Algérie de l'abbé Jean-Joseph Léandre Bargès, ainsi qu'une sculpture d'un pur-sang arabe en biscuit de porcelaine de Sèvres.

[3] En avril 2015, « la France a restitué à la Chine, en catimini, quatre plaques en or massif représentant des têtes de rapaces, datant du VIII e siècle avant J.-C., qui ont été exposées au musée national Guimet, à Paris, de 2001 à 2015 » *in Le Parisien*, « Guimet, Chirac, Pinault et les rapaces volés », 6 juillet 2015, disponible sur *www.leparisien.fr.* Pour ce faire, la ministre de la Culture de l'époque (Fleur Pellerin) aurait demandé aux collectionneurs de « *défaire leurs dons* » au musée sans passer par un vote au Parlement. D'abord remis à l'ambassade de Chine à Paris, les biens ont été restitués avant le voyage diplomatique à Pékin de Laurent Fabius, alors ministre des Affaires étrangères. *Cf.* NASELLI (A.), « Une restitution de pièces archéologiques à la Chine provoque la colère des collectionneurs », 14 mai 2015, disponible sur *www.franceculture.fr.*

[4] DE L'ESPINAY (T.), « Cadeaux présidentiels : la diplomatie du carré Hermès », 28 décembre 2016, disponible sur *www.leparisien.fr* : l'Elysée indiquait en 2014 que les cadeaux offerts par les hauts dignitaires de l'Etat n'étaient pas rendus publics « afin d'éviter toute susceptibilité entre les différentes personnalités notamment », et que les cadeaux reçus côté français n'étaient pas non plus communicables pour « raisons diplomatiques », mais que le budget était contrôlé par la cour des comptes.

de biens issus de vols ou de pillage par exemple, et « offerts » – pour éviter toute atteinte au principe d'inaliénabilité. Ce manque de compréhension quant au dispositif juridique à utiliser fait montre de l'absence d'une « doctrine claire sur le type de régime à privilégier en matière de restitution de biens culturels »[1] aux États étrangers. Une nouvelle interprétation de la théorie de l'accessoire pourrait, par exemple, participer à forger une doctrine de la restitution des biens culturels.

C- L'application de la théorie de l'accessoire aux biens culturels ?

Consacrée par le législateur en 2006 à l'article L2111-2 du CGPPP[2] – la théorie de l'accessoire étend la domanialité publique aux biens qui en constituent un accessoire indissociable[3]. Pour le législateur, la domanialité publique par accessoire a principalement pour intérêt de protéger les biens culturels et verrouille davantage la possibilité de sortie de ces derniers du domaine public[4]. Toutefois, une interprétation différente de cet article pourrait (paradoxalement) justifier une sortie du bien culturel du domaine public dans le cadre d'une demande de restitution. Pour maximiser leurs chances d'obtenir la restitution d'œuvres démantelées[5], les États pourraient développer un raisonnement *a contrario*. Si les « accessoires indispensables » du domaine public se voient

---

[1] Fiche du député M. Raphaël Gérard disponible sur *www.assemblee-nationale.fr*.

[2] CGPPP, art. L211-2 : « Font également partie du domaine public les biens des personnes publiques mentionnées à l'article L. 1 qui, concourant à l'utilisation d'un bien appartenant au domaine public, en constituent un accessoire indissociable ».

[3] En vertu de l'adage "*accessorium sequitur principale*" c'est-à-dire le principe selon lequel "l'accessoire suit le principal" et le régime s'y attachant.

[4] Pour le juge administratif, cette théorie joue comme un critère alternatif à l'affectation.

[5] Il est question ici des Etats qui souhaitent le retour d'œuvres éparpillées, d'un patrimoine dispersé dans différents coins du monde.

appliquer les mêmes règles, alors il faut justifier que lesdits accessoires ne sont en rien « indispensables ». Autrement dit, un bien ne fait pas partie du domaine public, car il est un élément détaché, un accessoire n'ayant pas d'intérêt à se voir appliquer des règles spécifiques. Ainsi, deux approches doctrinales peuvent justifier la restitution d'œuvres démantelées, à savoir la théorie de l'ensemble mobilier cohérent et celle des détachements mobiliers.

L'ensemble mobilier cohérent – Certains biens meubles ont un lien matériel tellement fort entre eux qu'ils méritent d'être exposés et présentés ensemble, car ils forment un « tout ». L'usage de la théorie de l'ensemble mobilier cohérent permet ainsi à un État de réclamer l'ensemble des biens composant une même œuvre. C'est le cas par exemple « des parures de joailleries, des triptyques, polyptiques, ou encore des tableaux en pendants » [1]. Cette doctrine est fortement utilisée par le droit international [2]. Ainsi, au sortir de la Première Guerre mondiale, le traité de Versailles prévoyait le retour par l'Allemagne de panneaux composant un polyptique au profit de la Belgique[3]. Également, dans sa résolution 3.346 adoptée en 1966, l'UNESCO encourage par « toutes mesures appropriées une prise de conscience de l'intérêt qu'il y aurait à reconstituer des œuvres démembrées de manière à leur restituer intégralement leur valeur et leur rôle esthétique

---

[1] DURET-ROBERT (F.), CANAT (J.-F.), ESKENAZY (D.), HANSEN (P.), MAUGER-VIELPEAU (L.), *Droit du marché de l'art 2020/2021*, Dalloz, coll. Dalloz Action, 7ème éd., 2020, p. 166.

[2] SARR (F.), SAVOY (B.), Rapport sur la restitution du patrimoine culturel africain. Vers une nouvelle éthique relationnelle, novembre 2018, p. 41.

[3] L'article 247 du traité de Versailles exige par exemple, au profit de la Belgique, la recomposition et le retour du polyptyque de L'Agneau mystique des frères Van Eyck, dont les panneaux avaient été démontés et légalement acquis en Allemagne au XIXe siècle.

originels »[1]. En droit interne, le Code du patrimoine reconnaît la notion « d'ensemble archéologique cohérent ». Lorsque de tels biens constituent un « ensemble cohérent dont l'intérêt scientifique justifie la conservation dans son intégrité »[2], ils bénéficient de la présomption de propriété prévue à l'article L541-4[3]. Ainsi, en 2009, des fragments de la tombe de Tekity qui avaient été acquis de bonne foi par le Musée du Louvre ont été restitués à l'Égypte sur ce fondement[4].

Ces cinq fragments de fresques murales ont été remis en personne par le Président français Nicolas Sarkozy à son homologue égyptien Hosni Moubarak. Les demandeurs de biens culturels à la France pourraient également solliciter l'existence de détachements d'immeubles.

Les biens mobiliers détachés d'immeubles – Par « détachements immobiliers »,[5] il faut entendre des portions d'immeuble qui ont été détachées volontairement ou non, et qui auraient acquis la valeur de biens meubles. Si un État ne peut pas réclamer un immeuble, il peut réclamer la restitution d'un meuble s'en détachant.

---

[1] ABDUL HAK (S.), DANILOVA (I.), QUARRÉ (P.), *et. al.*, Document presse de 1974 UNESCO: « Trente-sept Etats et trois organisations intergouvernementales ont indiqué leur position sur le sujet et ont estimé que les fragments d'oeuvres dispersées devaient être rassemblés dans l'intérêt du pays propriétaire si ces fragments font partie d'un ensemble comme un monument d'architecture ou pour compléter une collection ».

[2] C. patr., art. L541-6.

[3] ORLANDINI (J.-P.), « La réforme du régime juridique des biens meubles archéologiques », *AJDA* 2016, pp. 2042 et suiv.

[4] GAY (A.), *La restitution des biens culturels à leur pays d'origine- Un débat au carrefour entre le droit, la politique et la morale*, Université lumière Lyon 2, 2013, p. 43.

[5] A ce jour, la notion de « détachement immobilier » n'a pas été consacrée en droit. Est davantage sollicitée la « théorie des détachements volontaires ». *Cf.* TARLET (F.), *Les biens publics mobiliers*, Dalloz, coll. Nouvelle Bibliothèque de Thèses, vol. 170, Paris, 2017, p. 63.

Contrairement à la première théorie qui est très utilisée en droit international, cette doctrine trouve davantage à s'appliquer dans le contentieux français des personnes privées. En ce qui concerne les personnes publiques, le juge semble moins favorable à la reconnaître au motif que les biens se détachant d'un immeuble continuent d'appartenir au domaine public. Du domaine public immobilier, ces biens deviennent des éléments du domaine public mobilier – sans être susceptibles d'appropriation privée. Par exemple, le juge considère qu'un morceau de la colonne Vendôme a continué, en dépit du temps écoulé depuis sa destruction, à faire partie du domaine public[1]. Dans la même optique, le détachement d'un gémellion ne permet pas de le faire sortir du domaine public en vue d'autoriser sa restitution[2]. Comme le souligne Fanny Tarlet[3], cette position du juge s'applique aussi pour les biens séparés temporairement d'un immeuble comme c'est le cas de la fontaine Bartholdi[4], ou des portions détachées involontairement d'un immeuble, à l'instar du bénitier de Monségur[5]. En dépit de cette position ferme du juge, les États demandeurs à une restitution de biens culturels ont encore un moyen de parvenir à leurs fins. Pour ce faire, ils peuvent

[1] TA Paris, 9 avril 2004, *Mme Françoise Mercier*, n° 0102685/7, *AJDA* 2004, p. 1711, point 2 ; *AJDA* 2004, p. 1711 ; CAA Paris, 4 avril 2006, *Mme Mercier*, n° 04PA02037, *AJDA* 2006, p. 1294, point 7 : la cour administrative d'appel de Paris s'est opposée à l'exportation d'un fragment de la colonne Vendôme qui se trouvait en mains privées.

[2] La Cour de cassation a cassé la décision interdisant la restitution à la ville de Chartres d'un gémellion qui pourtant « entrait dans la catégorie des biens mobiliers communaux qui appartiennent au domaine public. *Cf.* DUROY (S.), « Le déclassement des biens meubles culturels et cultuels. Réflexions sur la cause et les limites de leur inaliénabilité », *RDP*, 2011, n°1, p. 55.

[3] TARLET (F.), *Les biens publics mobiliers*, Dalloz, coll. Nouvelle Bibliothèque de Thèses, vol. 170, Paris, 2017, p. 63.

[4] Installée sur la place des Terreaux de Lyon depuis 1892, cette fontaine fût déplacée lors de l'installation Buren en 1994, et durant sa restauration en 2015.

[5] CE, 10 juin 1921, *Commune de Monségur*, n° 45681, Lebon 573, point 1.

motiver que les biens culturels constituent un « ensemble décoratif »[1].

Un exemple type pour le comprendre : lorsqu'un État demande à la France la restitution pure et simple d'une œuvre (*ut singuli*), il y a des risques qu'il se voit opposer un refus au nom de l'inaliénabilité des collections publiques (mêmes lorsqu'elles sont des œuvres détachées comme des fragments par exemple). En revanche, si l'État détient une œuvre et réclame une pièce manquante qui se trouve en France, alors il ne s'agit plus d'une demande de restitution *ut singuli,* mais d'une demande en vue de la constitution d'un « ensemble décoratif ».

La France sera davantage favorable à la restitution d'un tel bien. Cette situation s'est produite avec l'affaire du « doigt de Constantin ». Pour rappel, le Musée du Louvre détenait un doigt en bronze de 38 centimètres de long dans ses collections depuis 1863. Suite à des études scientifiques, le doigt a été identifié comme l'index manquant de la main gauche de la statue en bronze de Constantin – exposée aux musées du Capitole[2] à Rome. Indissociable de la statue, cet élément n'a aucun intérêt à être exposé seul. La France a donc décidé de le « rendre » à l'Italie le 29 avril 2021[3]. Au cas d'espèce, il ne

---

[1] La notion d'ensemble décoratif à laquelle se rapporte cette étude renvoie à la cohérence d'ensemble que forment un immeuble patrimonial et les éléments mobiliers décoratifs qui lui sont associés : LAMOURI (I.), *Les ensembles décoratifs en droit. Enjeux juridiques de la protection patrimoniale des meubles et des immeubles formant une cohérence d'ensemble*, L'Harmattan, coll. Droit du patrimoine culturel et naturel, 2018, 170 pp.

[2] L'usage du pluriel est de rigueur. Les musées du Capitole regroupent les plus anciens musées d'art et d'archéologie du monde.

[3] LOUVRE, « Le musée du Louvre annonce le dépôt du doigt de Constantin aux musées du Capitole », 29 avril 2021, disponible sur *www.presse.louvre.fr.*

s'agit pas d'une « restitution », mais d'un dépôt[1] pour 5 ans renouvelable aux musées du Capitole[2]. En outre, c'est bien la reconstitution d'une œuvre démembrée qui a motivé la position française. Cela ne crée pas pour autant un précédent pour les États étrangers compte tenu de la singularité de l'œuvre à savoir un bronze colossal antique. Extrêmement rare, on en compte moins de dix dans le monde[3].

Section 2
La procédure de sortie du bien culturel du domaine public

Les critères de sortie du bien culturel étant peu adaptés à ce type de biens (§ 1), il serait pertinent de les refondre (§ 2).

§1) Le manque de pertinence des critères de sortie du bien culturel

Pour qu'un bien mobilier sorte du domaine public, deux conditions doivent être réunies. Le débat sur la restitution des biens culturels met en évidence le manque de pertinence de ces conditions de sortie aussi bien concernant la désaffectation (A) que du déclassement des biens culturels du domaine public (B).

A- La désaffectation du bien culturel

Au préalable, il est important de distinguer deux notions fondamentales. Par déclassement, est entendu « l'acte

---

[1] Concernant la spécificité de la mise en dépôt : *cf.* B- Le détournement des dispositifs juridiques aux fins de restitution *in* Partie 2.

[2] Le Figaro, « Le bronze colossal de l'empereur Constantin à Rome retrouve son index perdu, il était au Louvre », 2 mai 2021, disponible sur *www.lefigaro.fr*.

[3] LCI, « On le croyait perdu à jamais : le mystère du doigt de la statue de Constantin enfin résolu », 4,08 minutes, reportage disponible sur *www.lci.fr*.

juridique par lequel l'autorité compétente manifeste son intention de faire sortir le bien du domaine public »[1]. Partant, « la désaffectation fait seulement cesser l'utilisation du bien »[2].

1- État du droit

Comme le disait Hauriou « toute domanialité publique repose sur l'idée de l'affectation administrative des choses à l'utilité publique »[3]. Comme tout bien appartenant au domaine public[4], le bien culturel restituable à un État étranger doit, en plus d'être déclassé, être désaffecté. Mentionnée à l'article L2141-1 du CGPPP[5], cette condition implique que le bien ne soit plus affecté à un service public ou à l'usage direct du public. Par le terme « désaffecté », le Code suggère que le bien ait perdu son assignation, la qualité qui lui avait effectivement permis d'être intégré au domaine public. *De facto*, ce n'est pas le bien en lui-même qui a connu un changement, mais la fonction à laquelle il était destiné. En matière de biens culturels, cette condition pose problème qu'il s'agisse d'une désaffectation au service public culturel ou à l'usage direct du public.

---

[1] GODFRIN (P.), DEGOFFE (M.), *Droit administratif des biens*, Sirey, coll. Sirey Université, 13ème éd., Paris, 2020, p. 108.

[2] *Idem.*

[3] HAURIOU (M.,) *Précis de droit administratif et de droit public*, Dalloz, coll. Bibliothèque Dalloz, 12ème éd., Paris, 2002, p. 804.

[4] Article L1 du Code du patrimoine : « Le patrimoine s'entend, au sens du présent code, de l'ensemble des biens, immobiliers ou mobiliers, relevant de la propriété publique ou privée, qui présentent un intérêt historique, artistique, archéologique, esthétique, scientifique ou technique ».

[5] CGPPP, art. L2141-1 : « Un bien d'une personne publique mentionnée à l'article L. 1, qui n'est plus *affecté à un service public ou à l'usage direct du public*, ne fait plus partie du domaine public à compter de l'intervention de l'acte administratif constatant son déclassement ».

La désaffectation du bien au service public culturel – Comme le rappelle Jean-Marie Pontier « le service public culturel, comme tout service public, est commandé par un intérêt public »[1]. La désaffectation d'un bien du domaine public paraît simple. Il suffit *a priori* « que le propriétaire public décide qu'un bien n'est plus affecté à une mission d'intérêt général »[2]. Pour rappel, le domaine public mobilier se compose des biens présentant un « intérêt public du point de vue de l'histoire, de l'art, de l'archéologie, de la science ou de la technique » en application de l'article L. 2112-1 du CGPPP[3]. Or, les biens culturels n'existent pas en vue d'une éventuelle affectation. Ils font partie du domaine public de par leur nature, leur intérêt pour le service public de la culture. C'est d'ailleurs pour cette raison que la doctrine a douté de « la possibilité même de désaffecter les éléments du domaine mobilier »[4].

La désaffectation du bien à l'usage direct du public – À défaut de permettre la désaffectation d'un bien meuble culturel à un service public, l'article L. 2141-1 prévoit la désaffectation du bien à l'usage direct du public. Ce critère se comprend aisément en ce qui concerne les immeubles. Pour une gare par exemple, la désaffectation à l'usage direct du public vise à empêcher matériellement l'accès au lieu. Les entrées et sorties vont être obstruées avec des

---

[1] PONTIER (J.-M.), « Service public culturel : épanouissement ou racornissement ? », *L'Observatoire,* 2013, n°43, p. 89.

[2] FOULQUIER (N.), *Droit administratif des biens*, LexisNexis, coll. Manuel, 3ème éd., Paris, 2015, p. 222.

[3] CGPPP, art. L. 2112-1 : « Sans préjudice des dispositions applicables en matière de protection des biens culturels, font partie du domaine public mobilier de la personne publique propriétaire les biens présentant un intérêt public du point de vue de l'histoire, de l'art, de l'archéologie, de la science ou de la technique […] ».

[4] FOULQUIER (N.), Droit administratif des biens, *op. cit*., p. 222.

barrières, des grilles avec des cadenas. Également, les usagers vont être informés de la désaffectation par la signalétique, par des panneaux qui indiquent que le lieu est fermé et interdit d'accès (empêchant de fait son utilisation).

En revanche, ce critère n'est pas pertinent concernant les biens culturels. Cela suggère qu'une œuvre d'art appartenant au domaine public ne soit plus accessible aux visiteurs, à l'image d'un tableau qui serait décroché ou d'une statue remise dans son emballage (caisse ou tamponnage en fonction du bien). Or, cela ne serait d'aucune utilité : les biens culturels, qu'ils soient présentés au public dans les expositions ou rangés dans les réserves des musées ont la même valeur juridique[1]. Ainsi, la désaffectation n'est pas un critère pertinent pour les biens mobiliers culturels *a fortiori* dans le cadre d'une restitution.

2- Critique

Le régime de la désaffectation des biens mobiliers étant posé, il ressort deux obstacles majeurs dans l'hypothèse d'une restitution.

Le renforcement de l'intérêt culturel par le CGPPP – D'une part, l'apparition du CGPPP a complexifié la procédure de restitution des biens culturels. Théorisée par la doctrine, l'affectation était jusque 2006 un critère

[1] Cass. 1ère civ., 2 avril 1963, *Montagne c/ Réunion des musées de France et autres*, n° 60-13.239, Bull. civ. I, n° 203 ; *cf.* CHAMARD-HEIM (C.), MELLERAY (F.), NOGUELLOU (R.), YOLKA (P.), *Les grandes décisions du droit administratif des biens*, Dalloz, coll. Grands arrêts, 3e éd., Paris, 2018, p. 393, point 14 ; *AJDA* 1963 note J. Dufau : Les collections restées en réserve, non affectées, n'en appartiennent pas moins au domaine public puisqu'il n'est pas besoin d'affectation.

jurisprudentiel. Désormais, c'est un critère consacré dans la loi auquel on ne peut échapper. D'autre part, le CGPPP a consacré une définition explicite des biens culturels mobiliers. En prévoyant explicitement une liste de biens inaliénables[1], le législateur élargit le périmètre des biens culturels soumis à la désaffectation dans le cadre d'une restitution. Aussi détaillée soit-elle, cette liste n'est pourtant pas exhaustive. En mentionnant l'adverbe « notamment », l'article L. 2112-1 du CGPPP invite le juge à « découvrir » d'autres biens publics qui ont vocation à faire partie des biens mobiliers culturels.

Le renforcement de l'intérêt culturel par la revendication patrimoniale – Il faut souligner que la revendication patrimoniale d'un bien culturel n'a pas pour conséquence de faire perdre l'utilité du bien, mais au contraire d'en renforcer l'intérêt[2]. L'exemple le plus illustre est celui de la Joconde. Sur fond de rancœur des

---

[1] SARR (F.), SAVOY (B.), Rapport sur la restitution du patrimoine culturel africain. Vers une nouvelle éthique relationnelle, novembre 2018, p. 62 : « Le code du patrimoine et le CGPPP, adoptés par voie d'ordonnances respectivement en 2004 et 2006, ont produit une situation formellement plus verrouillée que précédemment, où la protection des collections de musées reposait essentiellement sur la jurisprudence ». Le droit actuel pose une définition du domaine public mobilier englobant tous les biens culturels – notamment des collections publiques – générant une protection adossée aux règles d'imprescriptibilité et d'inaliénabilité du domaine public *faisant de fait obstacle aux demandes de restitutions* ».

[2] Sénat, *Rapport d'information fait au nom de la commission de la culture, de l'éducation et de la communication par la mission d'information sur les restitutions des biens culturels appartenant aux collections publiques, par BRISSON (M.) et OUZOULIAS (P.)*, 16 décembre 2020, p. 11 : « La simple demande de restitution d'un bien aurait plutôt tendance à en accroître l'intérêt ».

spoliations napoléoniennes[1], la Joconde a été volée[2] le 22 août 1911 par un vitrier italien avant de retourner aux collections du Louvre le 4 janvier 1914. Si la peinture est déjà connue à l'époque, son vol renforce sa popularité dans le monde. Partant, la revendication patrimoniale accroît l'intérêt culturel du bien, qui plus est dans une demande de restitution[3]. Alors que la désaffectation nécessite que l'intérêt du bien ait disparu, le fait qu'un État le réclame décuple sa valeur[4] et son intérêt. Le bicentenaire de la mort de Napoléon a été l'occasion de réactiver les débats sur les spoliations artistiques. Pratiquées « dans l'indifférence générale »[5], elles ont fait l'objet d'une controverse universelle deux ans plus tard. Ainsi, sur quels moyens juridiques peut-on justifier la désaffectation d'un bien meuble culturel ?

---

[1] GAY (A.), *La restitution des biens culturels à leur pays d'origine- Un débat au carrefour entre le droit, la politique et la morale*, Université lumière Lyon 2, 2013, p. 9 : Vincenzo Peruggia a volé la Joconde de Léonard De Vinci au musée du Louvre en 1911 pour manifester contre les spoliations napoléoniennes et revendiquer une restitution de toutes les œuvres d'art italiennes à leur patrie d'origine.

[2] *Le Figaro*, DEBAECKER (A. – L.), « 22 août 1911 : on a volé la Joconde », 22 août 2014, disponible sur *www.lefigaro.fr.*

[3] Au cas d'espèce il n'est pas question de restituer le tableau. Invité par le roi François Ier, le peintre Léonard de Vinci lui a vendu son œuvre en 1518, date à laquelle l'œuvre entre dans les collections royales.

[4] DE BOISDEFFRE (M. – A.), CHAYETTE (H.), *Les 100 mots du marché de l'art*, PUF, coll. Que sais-je ?, Paris, 2014, p. 124 « En dehors des effets de mode ou des effets de spéculation à outrance, il existe bien des critères objectifs qui permettent de déterminer la valeur d'une œuvre : la valeur artistique en premier lieu, la valeur historique, la valeur décorative, la valeur intrinsèque et enfin la valeur de conservation ».

[5] KAIRIS (P. – Y.), « Note sur les tableaux enlevés à la Belgique en 1794 et restitués (ou non) en 1815, 18 juin 2016 » : Alors que les saisies en Belgique s'étaient effectuées en 1794 dans l'indifférence générale (hors du champ des populations concernées), une immense réaction de réprobation devait naître à la suite des spoliations de l'Italie à partir de mai 1796, disponible sur *www.latribunedelart.com.*

La réponse à cette question dépend de l'argumentation du juge administratif et de la qualité du bien réclamé. Peu importe la raison de la désaffectation, le bien culturel « ne sort effectivement du domaine public qu'à la condition que l'administration ait adopté un acte formalisant cette sortie »[1].

B- Le déclassement du bien culturel

1- État du droit

En droit administratif des biens, les modalités du déclassement dépendent du type de biens. En l'absence d'indications des textes, il convient d'appliquer le principe de parallélisme des formes[2]. Autrement dit, le déclassement s'effectue selon les mêmes modalités que le classement (compétence, procédure et nature de l'acte). Concernant les biens culturels, des règles particulières s'appliquent. La loi du 4 janvier 2002 prévoit l'existence d'une Commission de déclassement spécifique et refuse expressément de déclasser des biens entrés par dons ou par legs.

L'existence d'une Commission de déclassement spécifique – Le législateur instaure en 2002[3] une Commission spécifique en charge du déclassement des biens culturels : la « Commission scientifique nationale des collections des musées de France ». Jusqu'alors, une procédure de

---

[1] SARR (F.), SAVOY (B.), Rapport sur la restitution du patrimoine culturel africain. Vers une nouvelle éthique relationnelle, novembre 2018, p. 227. Si la désaffectation n'est pas obligatoirement antérieure au déclassement, l'acte de déclassement doit forcément être accompagnée d'une désaffectation de fait.

[2] AUBY (J.-M.), BON (P.), AUBY (J.-B.), TERNEYRE (P.), *Droit administratif des biens*, Dalloz, coll. Précis, 8ème éd., Paris, 2020, p. 85.

[3] LOI n° 2002-5 du 4 janvier 2002 relative aux musées de France, JORF n°4 du 5 janvier 2002. Cette loi a le mérite de rappeler que les biens culturels du domaine public sont imprescriptibles et inaliénables (art. 11).

déclassement existait uniquement pour les monuments historiques[1]. Désormais applicable à l'ensemble des biens culturels, la procédure prévoit que « toute décision de déclassement d'un de ces biens ne peut être prise qu'après avis conforme d'une Commission scientifique dont la composition et les modalités de fonctionnement sont fixées par décret »[2]. Si cette procédure de déclassement est consacrée dès 2002, force est de constater qu'elle est restée lettre morte[3]. Dans son rapport à destination du ministère de la Culture en 2008, Jacques Rigaud reconnaît que « l'absence de mise en œuvre de la procédure formellement instituée par la loi de 2002 est une anomalie »[4].

La restitution des têtes maories à la Nouvelle-Zélande a été l'occasion de revoir ce déclassement. En effet, la loi du 18 mai 2010[5] change la dénomination de l'instance. Ainsi, la « Commission scientifique nationale des musées de France » devient la « Commission scientifique nationale des

---

[1] LOI sur les monuments historiques du 31 décembre 1913 sur les monuments historiques, JORF du 4 janvier 1914, article 13 « le déclassement total ou partiel d'un immeuble classé est prononcé par un décret en Conseil d'Etat, soit sur la proposition du Ministre des Beaux-Arts, soit à la demande du propriétaire. Le déclassement est notifié aux intéressés et transcrit au bureau des hypothèques de la situation des biens ». Aujourd'hui la procédure est prévue à l'article R621-10 du Code du patrimoine.

[2] Décret n° 2002-628 du 25 avril 2002 pris pour l'application de la loi n° 2002-5 du 4 janvier 2002 relative aux musées de France notamment le Chapitre III « Dispositions applicables à la Commission » (art. 22 et 23).

[3] RIGAUD (J.), *Rapport au nom du ministre de la Culture et de la Communication, « Réflexion sur la possibilité pour les opérateurs publics d'aliéner des œuvres de leurs collections »*, 20 janvier 2008, p. 30.

[4] *Ibid.*, p. 33.

[5] LOI n° 2010-501 du 18 mai 2010 visant à autoriser la restitution par la France des têtes maories à la Nouvelle-Zélande et relative à la gestion des collections, JORF n°0114 du 19 mai 2010.

collections »[1] pour marquer une extension de son champ de compétences. Arbitrant uniquement sur les collections des musées de France avant cette loi, la Commission devient compétente pour l'ensemble des collections publiques ainsi que pour les collections privées des FRAC[2]. Ainsi, la Commission a compétence pour conseiller « en matière de déclassement ou de cession de biens culturels appartenant à leurs collections, à l'exception des archives et des fonds de conservation des bibliothèques »[3]. En outre, elle définit notamment les « recommandations en matière de déclassement des biens appartenant aux collections » et « peut également être consultée, par les autorités compétentes pour procéder à de tels déclassements ou cessions, sur toute question qui s'y rapporte »[4].

Le déclassement des biens entrés dans les collections publiques par dons ou par legs – Le législateur a laissé une exception au déclassement, ce qui empêche *a priori* la restitution des biens culturels du domaine public à des États étrangers dans cette hypothèse. Consacrée dès 2002[5], l'impossibilité de déclasser des biens culturels acquis par dons ou par legs est toujours applicable aujourd'hui. Inscrite à

---

[1] Art. 4 alinéa 2 du Décret n° 2011-160 du 8 février 2011 relatif à la commission scientifique nationale des collections, JORF n° 0034 du 10 février 2011.

[2] Art. 2 de la loi repris dans le Code du patrimoine. FRAC : fonds régionaux d'art contemporain.

[3] C. patr., ancien art. L115-1.

[4] *Idem*. Ces dispositions sont à mettre en lien avec les articles R115-1 et suivants du Code qui prévoient les modalités de cette Commission, à savoir la compétence de chaque collège (art. R115-1), la composition de chaque collège (art. R115-2), la nomination des membres de la Commission (art. R115-3) ainsi que les modalités de sa réunion (art. R115-4).

[5] « Les biens incorporés dans les collections publiques par dons et legs ou, pour les collections ne relevant pas de l'Etat, ceux acquis avec l'aide de l'Etat ne peuvent être déclassés » ; Art. 11 de la LOI n° 2002-5 du 4 janvier 2002 relative aux musées de France, JORF n°4 du 5 janvier 2002.

l'article L451-7 du Code du patrimoine elle prévoit que : « les biens incorporés dans les collections publiques par dons et legs, pour les collections ne relevant pas de l'État, ceux qui ont été acquis avec l'aide de l'État ne peuvent être déclassés ». Le maintien d'une telle exception au déclassement se comprend aisément. Les œuvres des musées étant largement le fruit de legs, cette disposition protège les collections, mais a aussi pour objectif de « rassurer les donateurs »[1]. Toutefois, le maintien d'une telle exception au déclassement est peu pertinent dans le cas des « doublons »[2]. En effet, beaucoup de donations aux collections publiques se manifestent par des masses d'objets qui ne nécessitent pas tous d'être conservés par les musées.

À titre de comparaison, le régime états-unien a facilité l'aliénation des dons et les legs dans les collections publiques. Si l'interdiction demeure pour la *National Gallery* de Washington ou pour le *Smithsonian Institute*, ce n'est pas le cas du MOMA par exemple qui permet l'aliénation de ce type de collections à la condition que l'artiste à l'origine de l'œuvre soit décédé[3]. Il faut souligner qu'en France, le déclassement des biens des collections publiques entrés par dons ou par legs demeure possible en vertu de l'adoption d'une loi d'exception

---

[1] LE MOAL (C.), *Rapport au nom de la commission des affaires culturelles et de l'éducation sur la proposition de loi, adoptée par le Sénat, visant à autoriser la restitution à la France des têtes maories à la Nouvelle-Zélande et relative à la gestion des collections*, Documents AN n° 2447, 7 avril 2010, p. 10.

[2] RIGAUD (J.), *Rapport au nom du ministre de la Culture et de la Communication, « Réflexion sur la possibilité pour les opérateurs publics d'aliéner des œuvres de leurs collections »*, 20 janvier 2008, p. 34. L'auteur donne l'exemple de la quantité des uniformes et de décorations de généraux présents aux musées des Invalides. En matière de biens culturels, je pense notamment aux *multiples masques africains présents au Musée du quai Branly ou encore aux récipients antiques en terre cuite (les collections pléthoriques d'amphores dans certains musées entre autres).*

[3] *Ibid.*, p. 26.

– l’affaire des têtes maories en est un parfait exemple[1]. Par ailleurs, il est arrivé que l’État français demande au donateur de défaire son don afin de le restituer à un État étranger. Cela s’est produit en 2015 concernant les quatre plaquettes en or exposées au Musée Guimet qui avaient été données par un collectionneur privé[2]. Un groupe d’experts avait remis en cause la légalité de l’appropriation de ces œuvres[3]. L’État ne pouvant de lui-même déclasser ces biens, le ministère de la Culture avait demandé au collectionneur de revenir sur son don. Ce dernier avait remis lesdits biens à l’ambassade de Chine à Paris. Redevenus propriétés privées, ces objets ont pu être restitués directement par le donateur à l’État chinois[4]. Ce manque de sécurité des œuvres conduit à « une raréfaction du nombre des dons et de legs consentis aux musées de France »[5]. Cette tendance est inquiétante lorsque l’on sait qu’« au moins la moitié des œuvres des collections publiques résulteraient de dons ou de legs »[6]. En définitive, si la procédure de déclassement est bien inscrite dans la loi, elle reste peu pertinente dans le cadre des restitutions de biens culturels.

---

[1] « Rouen remet sa tête maorie à la Nouvelle- Zélande », Le Monde, 9 mai 2011 : elle était pourtant signalée comme offerte au musée par « M. Drouet », disponible sur *www.lemonde.fr*.

[2] *Cf.* « Une restitution de pièces archéologiques à la Chine provoque la colère des collectionneurs », 14 mai 2015, disponible sur *www.franceculture.fr*.

[3] Quatre plaquettes en or incisées d’images stylisées d’oiseaux, sorties de Chine avant la ratification de la convention UNESCO et dont les origines se sont avérées douteuses à la suite d’un travail commun d’analyses d’experts français et chinois effectué 20 ans plus tard.

[4] D’abord remis à l'ambassade de Chine à Paris, les biens ont été restitués faite juste avant le voyage diplomatique à Pékin de Laurent Fabius, alors ministre des Affaires étrangères.

[5] Sénat, *Rapport d’information fait au nom de la commission de la culture, de l’éducation et de la communication par la mission d’information sur les restitutions des biens culturels appartenant aux collections publiques, par BRISSON (M.) et OUZOULIAS (P.)*, 16 décembre 2020, p. 14.

[6] *Idem.*

Le déclassement des biens archéologiques mobiliers – À la différence des autres biens culturels, les biens archéologiques mobiliers ont des caractéristiques spécifiques[1], justifiant un régime juridique spécifique. Issu de l'ordonnance du 29 juin 2017 [2], le régime des biens archéologiques mobiliers a été renforcé par un décret de juillet 2021[3] qui intègre notamment une procédure de déclassement particulière. S'agissant d'un bien terrestre qui n'a pas fait l'objet d'une décision d'affectation formelle à une collection publique, son déclassement relève de la décision du préfet de région après avis conforme de la commission territoriale de la recherche archéologique[4]. S'agissant d'un bien maritime, le directeur du département des recherches archéologiques subaquatiques et sous-marines exerce les compétences dévolues au préfet de région[5]. Lorsque le bien culturel est propriété d'une personne publique autre que l'État, une procédure particulière s'applique[6].

---

[1] Par exemple, l'étude de ce type de bien culturel peut provoquer sa destruction partielle ou totale en raison de sa grande friabilité.

[2] Ordonnance n°2017-1117 du 29 juin 2017 relative aux règles de conservation, de sélection et d'étude du patrimoine archéologique mobilier.

[3] Décret n° 2021-907 du 7 juillet 2021 relatif aux règles de conservation, de sélection et d'étude du patrimoine archéologique mobilier et au rapport d'opération et portant diverses mesures relatives à l'archéologie, JORF n°0158 du 9 juillet 2021.

[4] C. patr., art. R. 546-13.

[5] C. patr., art. R. 546-14.

[6] C. patr., art. R. 115-2. *« Lorsque le bien culturel est propriété d'une personne publique autre que l'Etat, il est déclassé par décision de cette personne après avis du ministre chargé de la culture qui se prononce dans un délai de six mois à compter de sa saisine par la personne publique propriétaire. A défaut, l'avis est réputé rendu. La décision est publiée ».* Par conséquent, l'arrêté peut être contesté par tout administré devant le juge administratif si l'appréciation de la perte d'intérêt public des biens déclassés lui paraissait non fondée. Cette nouvelle obligation de publier les décisions de déclassement constitue donc un garde-fou supplémentaire au respect du principe d'inaliénabilité.

2- Critique

L'absence de doctrine claire – Le principal obstacle à la procédure de déclassement des biens culturels est l'absence d'une doctrine claire sur ce sujet. Créée lors de la loi de restitution des têtes maories, la CSNC avait notamment cette vocation. En plus de sa mission de déclassement des biens qui existait en 2002, elle devait définir une « doctrine » sur ce sujet. Ainsi, dans son rapport de 2008, le sénateur Rigaud avait suggéré que la Commission définisse des critères précis pour le déclassement des biens culturels, à savoir l'existence d'une demande de restitution par un « peuple souverain », la possibilité d'identifier le bien ou encore reconnaître son « intérêt scientifique, historique et culturel »[1]. Afin d'éviter des restitutions purement diplomatiques et dans un souci d'avoir un régime juridique viable, certains universitaires[2] ont milité pour la mise en place de critères identifiant les biens restituables.

À ce jour, la procédure de déclassement n'a pas été clarifiée « faute de la moindre initiative des services compétents »[3]. La Commission donne l'impression d'apprécier exclusivement l'absence d'intérêt scientifique du bien[4]. La désaffectation et le déclassement sont implicitement reconnus conduisant à une sortie du bien culturel du domaine public.

---

[1] RICHERT (P.), *Rapport fait au nom de la commission des Affaires culturelles sur la proposition de loi visant à autoriser la restitution par la France des têtes maories*, Sénat, n° 482, 23 juin 2009, p. 31-32.

[2] PONTIER (J.-M.), « La restitution des œuvres d'art », *Revue Lamy Droit de l'immatériel*, 2012, n°79, pp. 89-98.

[3] RIGAUD (J.), *Rapport au nom du ministre de la Culture et de la Communication, « Réflexion sur la possibilité pour les opérateurs publics d'aliéner des œuvres de leurs collections »*, 20 janvier 2008, p. 30.

[4] ORLANDINI (J.), « La réforme du régime juridique des biens meubles archéologiques », *AJDA* 2016, p. 2042.

La disparition d'un garde-fou des restitutions – La loi ASAP du 7 décembre 2020[1] a conduit à la suppression de nombreuses commissions administratives dont notamment la CSNC. Dans un communiqué du 4 décembre 2019, l'AGCCPF[2] proteste qu'« il n'y a aucun motif – et surtout pas économique – qui puisse justifier qu'on la fasse disparaître et encore moins face à la question des restitutions »[3]. Ce constat se heurte toutefois à certaines réalités. D'une part, la suppression de la CSNC ne se justifie pas d'un point de vue économique. Sa présidence étant vacante depuis janvier 2019 son coût budgétaire était nul[4]. Sa suppression intervient non pas dans une logique budgétaire, mais de rationalisation globale du nombre de commissions administratives[5]. D'autre part, la suppression de la CSNC peut se justifier compte tenu de son maigre bilan. En matière de déclassement, la commission a formulé moins d'une dizaine d'avis. Dans son unique rapport rendu au Parlement en 2014, la CSNC se déclare incompétente pour arbitrer sur les demandes de restitution[6].

---

[1] LOI n° 2020-1525 du 7 décembre 2020 d'accélération et de simplification de l'action publique, JORF n°0296 du 8 décembre 2020. Au sein du Titre Ier qui prévoit la liste des commissions administratives (art. 1 à 24), la CNSC est visée à l'article 13.

[2] AGCCPF= Association Générale des Conservateurs des Collections Publiques de France. Créée en 1922, cette association regroupe l'ensemble des acteurs des musées en France et est un interlocuteur privilégié des pouvoirs publics. Source : *www.agccpf.com.*

[3] AGCCPF, Communiqué du 4 décembre 2019, Paris, p. 1 *in* RYKNER (D.), « De nouvelles voix s'élèvent pour défendre la Commission scientifique des collections », 5 décembre 2019, disponible sur *www.latribunedelart.com.*

[4] Projet de loi d'accélération et de simplification de l'action publique, n° 307, enregistré le 5 février 2020, examen des articles disponible sur *www.senat.fr.*

[5] Compte rendu du Conseil des ministres du 5 février 2020, disponible sur *www.gouvernement.fr.*

[6] CSNC, *Rapport au Parlement prévu par l'article 4 de la loi n°2010-501 du 18 mai 2010*, 21 novembre 2014, p. 15.

Depuis la loi ASAP, l'article L115-1 du Code du patrimoine prévoit que « Toute décision de déclassement de biens culturels appartenant aux collections des personnes publiques[1] [...] est préalablement soumise à l'avis de son ministre de tutelle pour les collections appartenant à l'État et au ministre chargé de la culture pour les collections n'appartenant pas à l'État ». Un décret du 23 juillet 2021[2] est venu préciser les nouvelles modalités de déclassement des biens culturels.

Le décret distingue les biens culturels appartenant au domaine public des biens culturels appartenant aux collections des musées de France. Pour les premiers, la procédure de déclassement est différente selon qu'ils appartiennent à la propriété de l'État ou à la propriété d'une autre personne publique (art. R. 115-2). Pour les seconds, un avis conforme du Haut conseil des musées de France est nécessaire (art. R. 451-24-2). Auparavant, la décision de déclassement nécessitait un « avis conforme de la Commission ». Désormais un simple avis du ministre de tutelle peut suffire. La procédure technique et scientifique est substituée par une procédure formelle. En quoi consiste l'expertise d'un ministre de tutelle ? Naturellement, il y a une perte d'un expert, la Commission étant composée de professionnels, de conservateurs de musée qui avaient une connaissance des biens culturels et qui, en plus, constituait le garde-fou de l'inaliénabilité des collections publiques[3].

---

[1] Les archives et les fonds de conservation des bibliothèques ne sont pas concernés par cet article.

[2] Décret n° 2021-979 du 23 juillet 2021 relatif à la procédure de déclassement de biens mobiliers culturels et à la déconcentration de décisions administratives individuelles dans le domaine de la culture, JORF n°0171 du 25 juillet 2021.

[3] Sénat, *Rapport d'information fait au nom de la commission de la culture, de l'éducation et de la communication par la mission d'information sur les restitutions des biens culturels appartenant aux collections publiques, par BRISSON (M.) et OUZOULIAS (P.)*, 16 décembre 2020, p. 15 : « Dans

Pour pallier la disparition de la CSNC, une autre solution est envisagée dans le cadre de la proposition de loi relative à la circulation et au retour des biens culturels appartenant aux collections publiques[1]. Cette proposition a pour objet de créer un « Conseil national de réflexion sur la circulation et le retour des biens culturels extra-européens ». Cette nouvelle instance aurait pour mission de donner son avis sur les demandes de restitution, sauf celles présentées en application de la convention de l'UNESCO de 1970. Chaque bien culturel étant singulier, l'expertise du Conseil permettrait de rendre un avis éclairé au Parlement avant qu'il ne se prononce sur la décision de restituer ou non le bien. Restreint à douze membres[2], ce Conseil faciliterait la prise de décision [3]. Autre apport concernant la composition du Conseil, une personnalité qualifiée serait nommée en raison de sa compétence en matière d'archéologie.

Toutefois, la mise en place d'un tel Conseil rencontre encore des limites. En effet, il n'est pas prévu de lui attribuer la compétence de définir des critères de restituabilité précis et son avis serait « simple » au lieu d'un avis « conforme » qui permettrait d'ériger ce Conseil en véritable garde-fou des restitutions. Si la procédure de déclassement des biens culturels pose question, cette dernière doit, pour les

l'esprit du législateur au moment du vote de la loi sur les têtes maories en 2010, la CSNC devait être la gardienne éclairée du principe d'inaliénabilité des collections, en disposant à la fois d'un rôle de réflexion doctrinale, de conseil et de vigie ».

[1] Sénat, Proposition de loi relative à la circulation et au retour des biens culturels appartenant aux collections publiques, n° 66, 10 janvier 2022.

[2] Les membres sont choisis en raison de leurs compétences scientifiques (conservateurs, historiens, historiens de l'art, ethnologues, juristes).

[3] L'ancienne CSNC avait du mal à atteindre le *quorum* nécessaire pour adopter une décision.

protecteurs du patrimoine français, rester une mesure exceptionnelle[1].

Le Président de la République avait d'ailleurs annoncé son souhait d'une loi-cadre « pour établir une doctrine et des règles précises de restituabilité »[2]. Ainsi, il est indispensable de refondre les critères de sortie du bien culturel dans le cadre d'une restitution à l'étranger.

§2) La possibilité de nouveaux critères de sortie du bien culturel

Si la création de nouveaux critères de sortie du bien culturel peut se concrétiser par la codification de critères communs à la restitution (1), il est également possible d'envisager des solutions alternatives à la restitution (2).

A- Propositions de codification de critères communs à la restitution

Si le CGPPP a simplifié la procédure de sortie des biens culturels (notamment en intégrant les critères jurisprudentiels dans la loi), force est de constater que la spécificité de la restitution nécessite la mise en place de nouveaux critères. La possibilité pour un Etat de se voir autoriser l'opération de restitution d'un bien culturel détenu par la France serait soumise à des conditions clairement définies dans le droit interne à savoir : l'existence d'une demande officielle de restitution (1) et l'identification du bien culturel (2) ou encore la temporalité de la restitution (3). En sus, le législateur peut renforcer ses règles tenant à la capacité de protection du bien culturel dans le pays de retour (4). Enfin, s'il existe un fonds

---

[1] RYKNER (D.), Inaliénabilité : une prise de position de l'association des conservateurs de musées, 30 juin 2009, *www.latribunedelart.com.*

[2] Propos tenus lors de la cérémonie de restitution au Bénin établie au musée du quai Branly le 27 octobre 2021.

international de rachat des biens restituables, la pertinence de l'inscrire dans le droit interne se pose (5).

1- Existence d'une demande officielle de restitution

La possibilité d'un retour d'un ou de plusieurs biens culturels nécessite une demande préalable de restitution d'un État à la France. Actuellement codifiée à l'article R112-4 du Code du patrimoine, cette condition prévoit que l'action en restitution doit être accompagnée « d'une déclaration des autorités compétentes de l'État membre requérant selon laquelle le bien culturel a quitté illicitement son territoire ». Si les revendications de biens culturels émanent souvent des associations, il est toutefois indispensable qu'une demande officielle des autorités soit transmise. Par exemple, pour la couronne de la Reine Ranavalona III à la République de Madagascar, la demande a été faite par une lettre du Président malgache adressée au Président français en date du 20 février 2020[1]. La France a officiellement accepté la demande le 4 novembre 2020[2] puis lui a finalement remis le bien le 5 décembre 2020[3].

L'absence de demande officielle a longtemps empêché toute opération de retour. Cela a notamment été soulevé lors du débat relatif à la restitution des biens culturels africains issus de la colonisation française. Si plusieurs acteurs tels que

[1] Lettre du Président malgache Andry Rajoelina adressée au Président français Emmanuel Macron en date du 20 février 2020.

[2] Communiqué conjoint du ministère de la Culture et du ministère de la Défense intitulé « Remise le 5 novembre 2020 du couronnement du dais Royal de la Reine Ranavalona III à la République de Madagascar », Antananarivo, 4 novembre 2020.

[3] *Le Monde*, La France remet à Madagascar la couronne de la reine Ranavalona III, 5 décembre 2020, disponible sur *www.lemonde.fr*.

le CRAN motivaient dès 2013[1] la nécessité de rendre ces biens, la restitution n'a pu se faire à cette époque du fait de l'absence de demande d'un État africain à la France. Il a fallu attendre 2016 pour que le Bénin adresse une demande officielle[2] à l'État français, ce qui a finalement abouti avec la loi du 24 décembre 2020[3]. La loi de restitution du 21 février 2022[4] fait figure d'exception. Il s'agit de la première loi depuis l'après-guerre permettant la restitution et remise d'œuvres des collections publiques spoliées pendant la Seconde Guerre mondiale ou acquises dans des conditions troubles pendant l'Occupation. Surtout, c'est la première fois qu'une loi française est adoptée pour restituer des biens culturels à des particuliers (et non à un État étranger).

2- Identification du bien culturel

Par ailleurs, un éventuel retour dans le pays d'origine nécessite d'identifier le bien culturel. L'article R112-4 du Code du patrimoine oblige ainsi que la demande de restitution soit accompagnée « d'un document décrivant le bien faisant l'objet de la demande et déclarant que celui-ci est un bien culturel ». Il n'est pas question de restituer une pièce avant d'avoir la certitude que les biens en question aient été l'objet

---

[1] SARR (F.), SAVOY (B.), Rapport sur la restitution du patrimoine culturel africain. Vers une nouvelle éthique relationnelle, novembre 2018, p. 18 : En France, c'est le CRAN (Conseil représentatif des associations noires) qui a mis la question des restitutions à l'ordre du jour politique en 2013 ».

[2] Lettre du 26 août 2016 de Monsieur Aurélien Agbenonci, Ministre des Affaires étrangères de la République du Bénin. Cette demande est à l'époque rejetée par Jean-Marc Ayrault, Ministre des Affaires étrangères et du Développement international par une lettre du 12 décembre 2016.

[3] LOI n° 2020-1673 du 24 décembre 2020 relative à la restitution de biens culturels à la République du Bénin et à la République du Sénégal, JORF n°0312 du 26 décembre 2020.

[4] LOI n° 2022-218 du 21 février 2022 relative à la restitution ou la remise de certains biens culturels aux ayants droit de leurs propriétaires victimes de persécutions antisémites, JORF n°0044 du 22 février 2022.

d'une appropriation illégale. Cela implique de savoir l'origine de cette prise du bien : vol, rapt, don ou legs, butin de guerre, génocide (entre autres). Par exemple, Madagascar a formulé une demande de restitution de l'objet décoratif en forme de couronne surplombant le dais de la Reine Ranavalona III[1]. Pour ce faire, des recherches historiques ont été menées sur cet objet et ont conclu « qu'il ne s'agit ni d'une prise de guerre, ni sans doute d'un objet mal acquis »[2].

Concernant la restitution biens culturels africains, le rapport Savoy-Sarr détermine également les œuvres qui ne sortiraient pas des collections publiques françaises. Cela concerne les pièces qui ont été acquises sur la base d'un consentement « libre, équitable et documenté » et les pièces qui ne constituent pas une « prise de risque éthique »[3]. Le législateur français pourrait s'inspirer de la Belgique, à la pointe dans ce domaine, en particulier sur « les réclamations d'œuvres d'art spoliées par les troupes françaises en 1794-1795 »[4]. Alors que ce débat était abandonné depuis deux

---

[1] Lettre du Président malgache Andry Rajoelina adressée au Président français Emmanuel Macron en date du 20 février 2020.

[2] L'hypothèse avancée selon laquelle Georges Richard aurait pu en faire l'acquisition lors d'une vente aux enchères des effets de la Reine Ranavalona III avait été jugée mineure.

[3] SARR (F.), SAVOY (B.), Rapport sur la restitution du patrimoine culturel africain. Vers une nouvelle éthique relationnelle, novembre 2018, p. 54. Il est précisé que « Les dons de chef d'État souverains aux chefs de gouvernements français, restent acquis à la France sauf dans les cas où les chefs d'État concernés ont été condamnés dans leurs pays d'origine pour détournement de biens publics ».

[4] KAIRIS (P. – Y.), « Note sur les tableaux enlevés à la Belgique en 1794 et restitués (ou non) en 1815, 18 juin 2016 » : L'inventaire des « conquêtes artistiques » des XVIIIe et XIXe siècles effectuées par les français reste toujours un sujet brulant. En 1970, le spécialiste Ferdinand Boyer écrivait à ce sujet: « chacun sait que les révolutionnaires français, après leurs victoires sur la coalition étrangère, firent passer en France des œuvres d'art prises dans les pays conquis. Mais, de ce fait bien connu sous le nom de Conquêtes

siècles, Pierre-Yves Kairis et Sleurs ont fait ressurgir cette affaire dans un rapport remis au Gouvernement en 2015[1]. En outre, le gouvernement français pourrait confier à un groupe de travail ou à une commission le soin de dresser un inventaire le plus complet possible des biens qui ont été acquis dans des conditions illégales. Afin de ne pas vider les musées, il sera donc question et d'identifier les biens selon une démarche juridique, historique, artistique et scientifique.

3- Temporalité de la restitution

Contrairement aux deux conditions précédentes, la temporalité de la restitution ne fait l'objet d'aucune codification[2], de jurisprudence ou de doctrine. Dans l'éventualité d'une restitution par la France, le législateur pourrait recourir à ce nouveau critère qui comprendrait deux éléments : le délai à partir duquel la France restitue et

---

artistiques, il n'existe pas d'histoire d'ensemble, bien documentée, où soient étudiés leurs causes et leurs caractères », disponible sur *www.latribunedelart.com.*

[1] Rapport de Pierre-Yves Kairis (chef de section à l'Institut royal du Patrimoine artistique) remis à la secrétaire d'État le 5 octobre 2015. Dans la foulée de ce rapport, Mme Sleurs a demandé à l'IRPA de dresser un inventaire scientifique mis à jour des peintures et des sculptures saisies par les révolutionnaires français dans les Pays-Bas autrichiens et la principauté de Liège.

[2] Il ne faut pas confondre la « temporalité » (date à laquelle le législateur se réfère pour rendre le bien culturel) de la « prescription » (délai à partir duquel l'action en restitution est prescrite. Pour cette dernière l'article L112-10 du Code du patrimoine prévoit : « En tout état de cause, l'action se prescrit dans un délai de trente ans à compter de la date à laquelle le bien culturel est sorti illicitement du territoire de l'Etat membre requérant. Toutefois, l'action se prescrit dans un délai de soixante-quinze ans, ou demeure imprescriptible si la législation de l'Etat membre requérant le prévoit, pour les biens inventoriés dans les collections publiques, ainsi que pour les biens figurant sur les inventaires des autorités ecclésiastiques, lorsque la loi de l'Etat membre requérant accorde à ces biens une protection spécifique ».

l'hypothèse dans laquelle le bien culturel a connu plusieurs propriétaires successifs.

Le délai entre le déclassement par la France et la restitution effective à l'État étranger – En matière de restitution, la fixation d'un délai est peu aisée, car elle nécessite de concilier deux impératifs antagonistes : l'efficacité à remettre le bien à son propriétaire et la nécessité d'étudier les modalités du retour. Une restitution des années après serait en effet peu pertinente aussi bien d'un point de vue juridique, moral et diplomatique. À partir du moment où le bien est déclassé, il n'a plus vocation à perdurer dans les collections publiques françaises et doit être remis à son propriétaire (l'État étranger).

Du point de vue moral, un temps trop long pourrait être ressenti comme une perpétuation du vol ou de la spoliation (alors que celle-ci a été reconnue par la France). Cela pourrait accessoirement ternir les relations diplomatiques entre les États. *A contrario*, un délai de restitution trop précipité serait préjudiciable pour le bien culturel. En effet, le délai de restitution dépend à la fois de la quantité et de la qualité du bien culturel. La qualité de celui-ci (aspect, fragilité, taille) nécessite un contenant adapté. Une expertise en amont sur ses conditions de transport est indispensable. La quantité de biens conditionne notamment le nombre de véhicules nécessaires.

Un délai supplémentaire peut être prévu en cas de nombreuses pièces *a fortiori* si elles sont volumineuses). Par ailleurs, il faut anticiper le retard potentiel en cas d'aléas économiques (passation des marchés de transports d'œuvres d'art) ou politiques (apparition d'un conflit armé ou d'une crise politique retardant le retour du bien). À défaut de pouvoir fixer un délai précis de traitement de la demande dans la loi, il serait pertinent que le législateur prévoit un délai minimal et un délai maximal. Par exemple : « À compter du jour du déclassement, la France s'engage à restituer effectivement le/les biens culturels concerné(s) dans un délai compris entre 6 mois et 2 ans apprécié selon les caractéristiques de ce(s) dernier(s) ». Cela permettrait non seulement à la France de concilier les deux impératifs précités, mais surtout de garantir une égalité de traitement entre les États demandeurs.

L'hypothèse d'une multiplicité de propriétaires du/des bien(s) – Dans le cas où un bien culturel a connu plusieurs propriétaires successifs, il est nécessaire de déterminer le moment (la date exacte ou la période) à prendre en compte. Pour qu'une telle question se pose, différents facteurs doivent entrer en compte. D'une part, cette situation peut se présenter si le bien a connu au minimum trois propriétaires différents. En effet, lorsque le bien a connu « seulement » deux propriétaires, la date à laquelle le législateur se réfère est toujours celle de l'appropriation illégale par le second État. D'autre part, cette situation peut se présenter lorsque les différents États qui ont été propriétaires du bien culturel font une demande de restitution à la France en même temps. À défaut, la France restituerait (si possible) le bien au premier État qui se revendique comme avoir été spolié. Si ces deux facteurs entrent en compte, le législateur devrait prévoir la temporalité de la restitution. À quel État le bien est-il restitué ? Le dernier État spolié ? Le premier ? Ou bien à une date spécifique prévue dans les textes ?

Dans la pratique, la revendication d'un bien culturel ayant appartenu à plus de deux propriétaires se pose rarement. Toutefois, un bien illustre rencontre cette problématique : la pierre de Rosette. Actuellement détenue par l'Angleterre au British Museum, la pierre de Rosette est réclamée depuis des années par l'Égypte. Pour autant, il ne faut pas oublier que la France a été propriétaire de la pierre entre 1799 et 1801[1]. Ce

[1] La pierre de Rosette fût découverte le 19 juillet 1799 par le lieutenant français Pierre-François-Xavier Bouchard durant la campagne de Napoléon

changement de propriété complique davantage l'hypothèse d'un retour d'autant que l'Angleterre n'est à ce jour pas décidée à restituer ce bien culturel à l'Égypte[1].

4- Capacité de protection du bien culturel

Tous les États du monde n'ont pas les mêmes moyens qu'en France (espaces muséaux adaptés, moyens techniques de conservation, personnel qualifié). Pour ce faire, le législateur pourrait préciser les modalités de protection du bien culturel exigées pour qu'un Etat puisse obtenir le retour d'un bien culturel. Souvent utilisée par les États qui refusent de restituer un bien notamment aux pays en voie de développement, cette exigence est prévue dans la loi pour les prêts et dépôts[2].

Dans le cadre des restitutions, le Code du patrimoine exige que « l'État membre requérant accorde à ces biens [restitués] une protection spécifique »[3]. Il serait opportun de définir

---

en Egypte. Lors de la capitulation de 1801, les anglais exigent la livraison des monuments antiques dont la pierre de Rosette. Cela est acté par le traité d'Alexandrie signé en 1801. *Cf.* SAVOY (B.), « Objet d'observation et d'intelligence. La pierre de Rosette entre Paris, Londres, Le Caire… et Göttingen (1799-1805) », *Etudes Germaniques*, 2009, n° 256, p. 801.

[1] GAY (A.), *La restitution des biens culturels à leur pays d'origine- Un débat au carrefour entre le droit, la politique et la morale*, Université lumière Lyon 2, 2013, p. 50 : « les clauses du traité d'Alexandrie qui permettent la sortie du territoire de la pierre d'Egypte et autorisent son exportation en Angleterre sont licites. Au regard du droit de l'exportation, aucune infraction n'a été commise puisque les interdictions qui concernaient par exemple le transport de momies, en vigueur à l'époque ne visaient pas le granit, matériau dont est constitué la pierre de Rosette ».

[2] L'article D423-11 du Code du patrimoine oblige l'Etat demandeur à « présenter les garanties de sécurité requises pour les œuvres déposées ».

[3] C. patr., art. L112-10 : « l'action se prescrit dans un délai de soixante-quinze ans, ou demeure imprescriptible si la législation de l'Etat membre requérant le prévoit, pour les biens inventoriés dans les collections publiques, ainsi que pour les biens figurant sur les inventaires des autorités ecclésiastiques,

précisément ce que le législateur entend par « protection spécifique » ? Cela pourrait consister dans l'exigence d'une place suffisante pour accueillir des œuvres supplémentaires dans les collections publiques, avoir des infrastructures muséales adaptées, des équipes de restauration compétentes, l'existence de dispositifs de protection (vitrines, alarmes, personnel de sécurité, assurances). Le Conseil d'État avait soulevé ce problème dans le cadre de la restitution des biens culturels aux États africains[1]. Outre les autorités françaises, ce sont les professionnels des musées africains concernés par la loi de restitution du 24 décembre 2020[2] qui alertent sur l'incapacité, en l'état actuel, d'assurer la protection de ces œuvres. C'est le cas de l'artiste béninois Florent Couao-Zotti qui se préoccupe de la conservation des 26 œuvres que la France doit rendre à son pays : « Nos cinq musées nationaux ne sont pas aux normes. Et la question se pose du délai de restitution de [ces] œuvres »[3]. Il apparait donc indispensable

lorsque la loi de l'Etat membre requérant accorde à ces biens une protection spécifique ».

[1] CE, *Droit public et patrimoine : Le rôle du Conseil d'Etat,* colloque du Comité d'Histoire du Conseil d'Etat et du ministère de la culture du 16 mars 2018, La Documentation française, coll. Travaux et documents, 2019, p. 5.

[2] LOI n° 2020-1673 du 24 décembre 2020 relative à la restitution de biens culturels à la République du Bénin et à la République du Sénégal, JORF n°0312 du 26 décembre 2020.

[3] BATJENI SORO (K.), « La restitution du patrimoine culturel africain, une chance à saisir », *Nectart*, 2020, n° 10, p. 143. Autre témoignage : la directrice du Musée national de Sandervalia (Guinée-Conakry) Kadé Seck qui estime que les conditions pour une bonne conservation des œuvres ne sont pas réunies dans son établissement. De la même manière, le directeur du Petit musée national de Brazzaville (République du Congo) Marcel Ipari affirme « Tout est mal entretenu. [...] Nous n'avons suffisamment d'espace ni pour conserver ni pour exposer. Dans l'état actuel des choses, il ne serait donc pas judicieux de nous restituer des œuvres ».

de préciser les modalités de protection pour éviter le risque d'une « dilapidation »[1] du patrimoine culturel.

Ainsi, la nature du régime juridique relatif à la protection des biens culturels est indissociable du régime politique. En effet, le législateur devrait prohiber toute restitution d'œuvre à un État qui présente un risque sécuritaire ou traverse une crise politique (dictature, présence d'organisations terroristes, *putsch*). Certains biens culturels ont d'ailleurs été détruits suite à leur restitution à leur pays d'origine. C'est le cas des tablettes cunéiformes détruites par l'État Islamique (EI) suite à leur restitution à la Syrie[2]. Dans l'optique d'aboutir à un régime unique, le législateur pourrait exiger un dernier critère en vue de la restitution d'un bien culturel à savoir le versement d'une indemnité.

5- Versement d'une indemnité

Contrairement à une vente, la restitution d'un bien culturel ne s'inscrit pas dans un acte commercial. L'objet n'est pas de conclure une transaction, mais de rendre un bien qui a été pris à son propriétaire légitime. Pourtant, le Code du patrimoine prévoit que « le retour du bien culturel intervient dès le paiement, par l'État membre requérant, de l'indemnité fixée par décision passée en force de chose jugée. À défaut du paiement de ces sommes dans un délai de trois ans à compter de la notification de la décision ordonnant le retour, l'État membre requérant est réputé avoir renoncé au bénéfice de cette décision » (art L112-9). Plus largement, « L'indemnité est versée lors de la restitution du bien » (art L112-8). En

[1] MORAND-DEVILLER (J.), « La valorisation économique du patrimoine public » *in* AUBY (J.-B.), AUBY (J.-M.), *et al.*, *L'unité du droit. Mélanges en hommage à Roland Drago*, Economica, Paris, 1996, p. 274.
[2] Proposition de loi relative à la circulation et au retour des biens culturels appartenant aux collections publiques, Examen en commission du 15 décembre 2021 disponible sur *www.senat.fr*.

d'autres termes, l'État étranger doit verser une indemnité à la France pour se voir récupérer le bien, dont le montant est fixé par une décision de justice. S'il ne s'exécute pas dans les trois ans qui suivent la notification de la décision, la restitution du bien est donc annulée. Absente des débats sur les restitutions, cette question est pourtant cruciale. Outre l'opération de restitution, il s'agit de la qualité même des biens culturels qui est remise en cause. Selon la théorie générale des biens, la notion de « bien » embrasse tout ce qui a une valeur patrimoniale. Pour Simler « le concept juridique de biens n'est pas autre chose que ce que la science économique appelle richesses »[1].

Toutefois, le Code du patrimoine fait référence à une « indemnisation » et non à un « prix ». L'indemnisation ne consiste donc pas à acheter le bien, mais recouvrirait différents frais. Cela peut consister par exemple à indemniser le personnel muséal qui s'est occupé du bien pendant des années en France. C'est le cas des expertises, des restaurations, des opérations d'entretien ou des travaux de recherches. Outre cette indemnisation, l'État demandeur doit couvrir les frais d'assurance et de transport de l'œuvre ce qui conduit souvent ce dernier à retirer sa demande de restitution[2]. Pour pallier cette difficulté, des fonds spécifiques existent pour permettre aux États d'obtenir la restitution des biens culturels. C'est le cas du programme 185 du budget français. Au niveau européen, le programme ACP-UE culture ou la Fondation euro-méditerranéenne Anna Lindh pour le dialogue entre les

---

[1] SIMLER (P.), *Les biens*, Presses universitaires de Grenoble, coll. Droit en plus, 4e éd., Grenoble, 2018, p. 5.

[2] Sénat, *Rapport d'information fait au nom de la commission de la culture, de l'éducation et de la communication par la mission d'information sur les restitutions des biens culturels appartenant aux collections publiques, par BRISSON (M.) et OUZOULIAS (P.)*, 16 décembre 2020, p. 26.

cultures octroie également des crédits aux États sous certaines conditions.

La solution la plus simple est la création d'un Fonds international pour la restitution de biens culturels, permettant une égalité entre les États quant aux conditions à remplir pour récupérer une œuvre à l'étranger. Il ne s'agit donc pas d'un dispositif systématique, mais supplétif (recours ultime lorsqu'aucune autre solution ne permet le retour du bien culturel). Créé en 1993, ce Fonds n'a pourtant jamais été sollicité, non pas car il ne fonctionne pas, mais parce que les États ignorent son existence[1]. En plus de l'aide au financement voire du rachat des œuvres, ce Fonds a également pour mission de « fournir une assistance technique pour le développement des musées »[2]. Par conséquent, deux solutions se présentent au législateur : soit consacrer l'existence de ce Fonds dans le droit français pour justifier de son existence et de son fonctionnement ; soit créer une administration spécifique en charge de ces questions. Il serait tout à fait envisageable de créer une AAI [3] spécialisée dans les restitutions de biens culturels. Il s'agirait d'une Commission permanente compétente pour tout le processus de restitution : de l'identification de l'œuvre à la possibilité d'octroi d'une participation financière à son acquisition. Composée d'experts, de scientifiques et de conservateurs de musées expérimentés, cette autorité serait l'interlocuteur privilégié des gouvernants français.

---

[1] LAMBERT-ABDELGAWAD (E.), « Le Comité intergouvernemental de l'UNESCO pour la promotion du retour de biens culturels à leur pays d'origine ou de restitution en cas d'appropriation illégale : un bilan assez mitigé », *Revue de science criminelle et de droit pénal comparé*, 2012, n°1, p. 268.
[2] *Idem.*
[3] AAI : Autorité administrative indépendante.

B- Propositions de solutions alternatives à la restitution

La création de critères juridiques généraux permettrait d'unifier et de simplifier la restitution des biens publics culturels. Comme nous l'avons démontré dans cette étude, la mise en place de ce régime est une atteinte à la souveraineté culturelle, l'État restant « maître » de faire sortir un bien de son domaine public. Au cœur des débats actuels, la théorie des communs dépasse la problématique des restitutions – le bien culturel n'étant plus défini par rapport à son domaine public « unique ». Il est opportun de prévoir des solutions alternatives à la restitution. À défaut d'une telle opération, il est possible d'envisager une réparation pécuniaire et morale (1), un prêt de longue durée (2) ou la substitution du bien culturel par équivalent (3). Également, l'État français peut prévoir une opération d'échange avec une autre œuvre détenue dans l'État qui fait une demande de restitution (4) voire la mise en place d'un service d'ingénierie muséale (5).

1- La réparation pécuniaire et morale

Le risque majeur de créer un régime de restitution est de refaire le passé et de réécrire l'Histoire en rendant tous les biens acquis illégalement. La réparation morale a pour objet de pallier cela tout en reconnaissant le pillage. Il s'agit d'admettre la responsabilité de l'État dans la captation des biens culturels volés ou pillés à l'image des discours qui reconnaissent l'existence des crimes de guerre[1]. La réparation pécuniaire n'est donc pas l'élément le plus important, mais peut venir en complément de la réparation morale. Elle peut par exemple permettre à l'État de disposer de fonds pour sa politique muséale. Elle ne doit pas être dérisoire, car ce serait

---

[1] Discours de Jacques Chirac prononcé le 16 juillet 1995 lors de la cérémonie commémorant la rafle du Vel d'hiv du 16 et 17 juillet 1942, 27 mars 2014, disponible sur *www.lefigaro.fr*.

un signe de mépris, mais suffisante pour pouvoir en disposer en vue d'enrichir les collections publiques par exemple. Pour certains États, l'indemnisation est envisageable uniquement « en cas de détérioration d'un bien prêté »[1].

La proposition d'une indemnisation a ressurgi lors des débats sur la création d'un fonds pour soutenir les activités du Comité en 1980. De nombreuses délégations ont marqué leur refus au motif que cela « aurait inévitablement pour effet d'ébranler le principe du retour ou de la restitution et donnait l'impression que celui-ci obéit à une logique commerciale, et non culturelle »[2]. Si cette solution semble avoir été abandonnée au niveau international[3], elle peut s'appliquer dans les cas où la demande de restitution n'entre pas dans le champ des conventions internationales. Permettant à la France de ne pas restituer le bien, la réparation pécuniaire et morale permet toutefois de reconnaître l'existence d'un « crime ». En effet, l'atteinte à la culture et au patrimoine est de plus en plus qualifiée par un vocable criminel. Pour preuve, le pillage du musée archéologique de la capitale irakienne en avril 2003 par les troupes nord-américaines avait été qualifié de « crime

---

[1] LAMBERT-ABDELGAWAD (E.), « Le Comité intergouvernemental de l'UNESCO pour la promotion du retour de biens culturels à leur pays d'origine ou de restitution en cas d'appropriation illégale : un bilan assez mitigé », *Revue de science criminelle et de droit pénal comparé*, 2012, n°1, p. 271.

[2] CLT-99/CONF.203/INF.8, 10e session du Comité, Création éventuelle d'un fonds spécial d'aide au retour des biens culturels, § 5.

[3] CLT-2009/CONF.212/COM.15/2 , Paris, mars 2009, 15e session, rapport du secrétariat, annexe 3 : Session extraordinaire, 27-28 novembre 2008, Séoul, République de Corée, Rapport du rapporteur de la réunion en collaboration avec le Secrétariat : p. 16 : « le Comité n'avait pas accepté la suggestion selon laquelle un système d'indemnisation pourrait remplacer le principe du retour ou de la restitution de biens culturels dans certains cas spécifiques où ce retour ou cette restitution était impossible. Si deux États menant des négociations pouvaient adopter l'indemnisation comme solution possible, le principe du retour ou de la restitution devait être la ligne d'action majeure du PRBC ».

contre l'humanité culturel »[1] par le Président français Jacques Chirac. Dans le cadre des restitutions, il est arrivé qu'un État « accepte le non-retour du bien exposé, contre reconnaissance de son droit de propriété »[2]. Ainsi, la France a reconnu que les sculptures Nok et Sokoto qui avaient fait l'objet d'un trafic illicite sont la propriété du Nigéria[3]. En contrepartie, le Nigéria accepte que les sculptures ne lui soient pas restituées, ces dernières restent dans les collections permanentes du Musée du quai Branly pendant une période (renouvelable) de 25 ans.

2- Le prêt de longue durée

Souvent envisagé dans les débats sur la restitution de biens culturels, le prêt de longue durée peut être une bonne alternative. Au lieu de se voir verser une somme d'argent en guise de dédommagement, l'État demandeur se voit confier l'œuvre dans ses musées plusieurs années. Toute la difficulté est de prévoir la durée de ce prêt : une période trop courte pouvant ne pas satisfaire l'Etat en question, une période trop longue, voire indéterminée, pouvant s'apparenter à une « restitution déguisée »[4]. À ce jour, le Code du patrimoine prévoit que « Les œuvres appartenant aux collections confiées

---

[1] Sur les 170.000 pièces répertoriées avant la guerre, plus de 14.000 auraient été dérobées et seulement 4000 restituées ou retrouvées. *Cf.* GAY (A.), *La restitution des biens culturels à leur pays d'origine- Un débat au carrefour entre le droit, la politique et la morale*, Université lumière Lyon 2, 2013, p. 10.

[2] LAMBERT-ABDELGAWAD (E.), « Le Comité intergouvernemental de l'UNESCO pour la promotion du retour de biens culturels à leur pays d'origine ou de restitution en cas d'appropriation illégale : un bilan assez mitigé », *Revue de science criminelle et de droit pénal comparé*, 2012, n°1, p. 272-273.

[3] Sénat, *Rapport d'information fait au nom des délégués élus par le Sénat à l'Assemblée parlementaire du Conseil de l'Europe sur la protection des biens culturels africains n°361*, adressé à M. le Président du Sénat en application de l'article 108 du Règlement, Actes du colloque organisé le 28 mars 2003 par Jacques LEGENDRE, 24 juin 2003, p. 13.

[4] *Cf.* « La requalification de la restitution en "prêt renouvelable" » *in* B- Le détournement des dispositifs juridiques aux fins de restitution.

à la garde des musées nationaux dont la liste est fixée à l'article R. 421-2 peuvent être prêtées pour des expositions temporaires à caractère culturel organisées, en France ou à l'étranger, par des personnes publiques ou des organismes de droit privé à vocation culturelle, agissant sans but lucratif » (art. D423-6).

Ne prévoyant aucune limite, le législateur favorise la possibilité pour les autorités françaises de passer un prêt longue durée. Dans cette optique, la France et l'État demandeur concluent un accord bilatéral pour convenir notamment de la durée du prêt et des modalités d'exposition et de conservation de l'œuvre. Si ce dispositif a pu régler des conflits de restitution en France, il est également très utilisé dans les régimes étrangers[1]. Cette solution est d'autant plus intéressante concernant les biens ayant le statut de « trésors nationaux ». En effet, si les biens culturels peuvent être prêtés, voire rendus à un Etat étranger après délivrance d'un certificat par l'administration[2], les trésors nationaux ne peuvent pas être restitués[3]. Le prêt est donc la meilleure solution pour régler ces conflits entre États.

3- La substitution par équivalent

Également, la France pourrait opter pour une substitution par équivalent. Cela peut consister soit dans la remise d'objets similaires qui compensent les pertes recensées soit par des réparations globales (en particulier pour les œuvres monumentales ou nécessitant un niveau technique élevé)[4]. La

---

[1] CORNU (M.), RENOLD (M.-A.), « Le renouveau des restitutions de biens culturels : les modes alternatifs de règlement des litiges », *Journal du droit international*, 2009, n°2, §78.

[2] C. patr., art. L. 111-2.

[3] C. patr., art L. 111-7.

[4] V. PROTT (L.) (dir.), *Témoins de l'Histoire – Recueil de textes et documents relatifs au retour des objets culturels*, UNESCO, coll. Art, musées et monuments, Paris, 2011, p. 174.

France remet à l'État étranger un équivalent, un *ersatz* le plus fidèle possible au bien culturel. Ainsi, un tableau peut être copié, une sculpture en bronze peut être refondue, certains documents peuvent être numérisés (parchemins, photographies, dessins). La possibilité de rendre un « substitut » du bien culturel est envisageable lorsque l'État souhaite que son patrimoine soit connu, exposé dans les musées universels. Dans son rapport du 16 décembre 2020, le Sénat rappelle ainsi le concept de l'« objet ambassadeur »[1] développé par le centre culturel Tjibaou en ce qui concerne le patrimoine kanak. La revendication ne tient donc plus à la propriété de l'œuvre, mais à sa circulation et à l'authenticité de sa provenance. Par exemple, la France détient dans ses collections un tableau qui est l'objet d'un pillage, mais ne souhaite pas le restituer. Dans ce cas, un bien équivalent est remis à l'État demandeur (tableau du même maître ou de la même école) en contrepartie de quoi la France s'engage à conserver l'original, à l'exposer, à le faire connaitre comme étant un bien culturel « ambassadeur », c'est-à-dire un bien culturel provenant de telle culture, fondateur de telle civilisation, avec toutes les informations qui s'y rapportent.

Cette pratique a notamment permis à la France de rétrocéder des copies d'archives à des États africains. Cela a notamment été le cas en 2006 avec le Maroc, et en 2007 et 2008 avec l'Algérie. Le retour des copies d'archives audiovisuelles à l'Algérie en 2007 en est le plus emblématique. Il s'agit de plus de 1800 documents audiovisuels filmés durant l'ère coloniale entre 1939 et juillet 1962. À l'époque, l'Algérie constituait trois départements français, les archives étaient donc la propriété de la France.

---

[1] Sénat, *Rapport d'information fait au nom de la commission de la culture, de l'éducation et de la communication par la mission d'information sur les restitutions des biens culturels appartenant aux collections publiques, par BRISSON (M.) et OUZOULIAS (P.)*, 16 décembre 2020, p. 27.

Dès la reconnaissance de son indépendance en 1962, l'Algérie réclame la restitution des archives. Considérant qu'il s'agissait d'éléments de sa souveraineté, la France refuse de les restituer pendant 50 ans[1]. En 2008, l'Institut français de l'audiovisuel (INA) remet finalement la copie de 400 heures d'images historiques[2]. Saluée par la presse comme une « restitution »[3], cette opération ne peut être qualifiée comme telle sur le plan juridique. Si la France a effectivement remis des cassettes avec les archives d'époque, il s'agit uniquement de copies (la France conservant les originaux). La France ne restitue donc pas les archives, mais remet bien un substitut par équivalent. L'accord signé entre l'INA (français) et l'EPTV (algérienne) précise d'ailleurs que l'INA « conserve la propriété de ces archives », l'EPTV disposant uniquement du droit « d'exploiter ces images » et de « les commercialiser sur le territoire algérien »[4]. Cela étant, cette opération a permis de satisfaire les deux États et s'est suivie de la remise par l'INA des copies d'archives radio à l'Algérie[5]. En réactivant le débat sur l'accès aux archives, elle a également contribué à la réforme de leur régime juridique en France[6].

---

[1] STORA (B.), Les questions mémorielles portant sur la colonisation et la guerre d'Algérie, rapport remis au Président de la République Emmanuel Macron, janvier 2021, p. 62.

[2] Sur l'ensemble des archives rendues, la guerre d'Algérie représente 117 heures de programmes : attentats à Alger ou en France, images de la guerre d'indépendance en 1954, le référendum de 1962, le procès de l'OAS, le départ des Européens, l'Algérie dans ses premières heures d'indépendance ; le bombardement de la flotte française dans le port de Mers el Kébir en 1940.

[3] *Le Monde*, PSENNY (D.), "L'Algérie retrouve sa mémoire télévisuelle", 13 février 2008, disponibles sur *www.lemonde.fr*.

[4] Convention de partenariat entre l'INA et l'Entreprise publique de télévision algérienne (EPTV) signée le 4 décembre 2007 à Alger.

[5] Convention de partenariat entre l'INA et la Radio algérienne signé entre la France et l'Algérie signée le 7 octobre 2008 à Paris.

[6] LOI n° 2008-696 du 15 juillet 2008 relative aux archives, JORF n°0164 du 16 juillet 2008.

4- L'échange

Autre alternative à la restitution, l'échange suppose que chaque État revendique un bien qui appartient à sa culture, à son patrimoine, et que cet échange soit équitable. Il serait en effet inique de demander trois œuvres contre une seule de même valeur ou bien une œuvre monumentale contre des fragments de moindre importance par exemple. Cette alternative a été proposée à la France notamment en 2011. En l'espèce, le conservateur du Trésor de la cathédrale de Liège a proposé au Musée des Augustins de Toulouse le dépôt de plusieurs tableaux[1] « en échange du dépôt permanent de la Conversion de Saint Paul de Bertholet Flémal, enlevée en 1794 ». Finalement, la Commission a refusé l'échange proposé par le curé de Saint-Germain-des-Prés, Roussineau, en septembre 1793[2]. Si cette pratique est rarement envisagée, elle peut être une alternative à la restitution comme en témoigne l'échange de biens culturels et le retour de plus de 300 œuvres sur le territoire algérien en 1968[3]. Cette cession a, en effet, abouti par le biais d'un accord bilatéral[4]. En guise d'illustrations, peuvent être citées la remise réciproque d'archives entre la France et l'Italie[5], la cession de pièces du

[1] Il s'agissait de tableaux de Frans Francken II conservés à la cathédrale Saint-Paul ; *cf.* KAIRIS (P. – Y.), « Note sur les tableaux enlevés à la Belgique en 1794 et restitués (ou non) en 1815, 18 juin 2016 », disponible sur *www.latribunedelart.com.*

[2] BRISSAUD (O.), « L'élaboration du principe d'inaliénabilité pour les collections muséales et les biens du domaine public mobilier sous la Révolution française », *op. cit.*, p. 145 ; « À défaut de *res publicae*, indisponibles et insusceptibles de propriété, les biens culturels deviennent des *res communes* auxquelles tout le monde doit pouvoir accéder », p. 146.

[3] *Le Monde*, « Près de trois cents œuvres d'art ont été restituées par la France », 4 décembre 1969, disponible sur *www.lemonde.fr*.

[4] Accord franco-algérien du 11 juillet 1968, cédant à l'Algérie 300 œuvres d'art ayant appartenu au Musée d'Alger de 1930 à 1962.

[5] LOI n°50-951 du 11 août 1950 de l'accord du 1 août 1949 entre la France et l'Italie, relatif à la remise réciproque de documents d'archives, JORF du 12 août 1950.

musée Guimet aux autorités japonaises[1], ou encore l'échange artistique franco-espagnol [2] portant sur les archives de Simancas. Comme le souligne Hervé Bastien[3], la pratique de l'échange de biens culturels a su s'imposer comme une bonne alternative à la restitution.

5- L'ingénierie muséale

Finalement, l'État peut proposer ses services d'ingénierie culturelle à un État qui a des difficultés à mettre en valeur son patrimoine. Contrairement aux autres alternatives, cette pratique peut soit faire office de dédommagement à la non-restitution d'un bien, soit l'accompagner. En France, cette coopération muséale bilatérale est mise en place principalement par les agents du Musée du Louvre. Par exemple, la loi de restitution des têtes maories à la Nouvelle-Zélande s'est accompagnée de ce dispositif. L'opération a ainsi donné lieu à l'accueil de cinq stagiaires d'institutions universitaires françaises entre 2008 et 2014 au musée Te Papa et à une intensification des échanges entre celui-ci et les institutions muséales françaises[4].

Selon Stamatoudi, l'ingénierie culturelle « peut également bien fonctionner pour des musées choisissant d'échanger des pièces exposées contre prêts et expositions, ou contribuant à développer l'infrastructure du pays d'origine par la création

---

[1] LOI n°56-631 du 29 juin 1956 au musée national de Tokyo, à titre d'échange, d'objets de fouilles appartenant au musée Guimet, JORF du 30 juin 1956.

[2] LOI n°3039 du 19 juillet 1941 réglant un échange artistique franco-espagnol, JORF du 20 juillet 1941.

[3] BASTIEN (H.), « A quoi sert le domaine public mobilier ? L'exemple des biens culturels : l'émergence d'un véritable "domaine protégé" », *AJDA* 1993, p. 675.

[4] Sénat, *Rapport d'information fait au nom de la commission de la culture, de l'éducation et de la communication par la mission d'information sur les restitutions des biens culturels appartenant aux collections publiques, par BRISSON (M.) et OUZOULIAS (P.)*, 16 décembre 2020, p. 18.

d'annexes de musée »[1]. Depuis une quinzaine d'années, ce dispositif s'accompagne généralement d'une aide à la transformation numérique des musées[2]. En formant sur place le personnel des musées à la création de plateformes en ligne, cela permet de faire connaître les œuvres à l'étranger, mais aussi à la population nationale qui n'a pas forcément les moyens d'accéder à son patrimoine.

---

[1] STAMATOUDI (I.), « Médiation et diplomatie culturelle, *Museum International*, 2009, n° 61, p. 129.

[2] DELISS (C.), « Formes rapides de restitution », *Multitudes*, 2020, n° 78 : « Azu Nwagbogu, conservateur basé à Lagos et initiateur de la Fondation des artistes africains voit un avenir dans le musée numérique en ligne qui, selon lui, peut mieux s'adresser à la jeunesse africaine, qui constitue plus de 60 % de la population ».

Conclusion générale

Objectif de l'étude – Cette étude répond à un objectif : participer à la construction d'un régime de restitution des biens culturels. Il n'existe à ce jour aucun texte légal en droit interne qui fait application de critères communs à la restitution de biens culturels. Chaque restitution se règle au cas par cas par le biais d'un accord bilatéral entre la France et l'Etat qui en fait la demande. Cela conduit à un « *patchwork* » de législations d'exceptions à l'instar de la restitution des têtes maories à la Nouvelle-Zélande[1] ou celle des biens pillés au Bénin et au Sénégal[2] lors de la colonisation[3]. Pour remédier à ce problème, le choix a été fait de mettre en perspective l'approche propriétariste et l'approche domaniste qui verrouillent actuellement toute possibilité d'un régime commun des biens culturels.

Approches propriétariste et domaniste : opposition ou complémentarité ? – Plus qu'un verrou juridique, la difficulté de construire un régime commun de restitution des biens culturels résulte d'un blocage intellectuel. Concernant la

[1] LOI n° 2010- 501 du 18 mai 2010 visant à autoriser la restitution par la France des têtes maories à la Nouvelle- Zélande et relative à la gestion des collections, JORF n°0114 du 19 mai 2010.

[2] LOI n° 2020-1673 du 24 décembre 2020 relative à la restitution de biens culturels à la République du Bénin et à la République du Sénégal, JORF n°0312 du 26 décembre 2020.

[3] La prochaine restitution sera sans doute celle du tambour parleur des Ebriés à la Côte d'Ivoire (actuellement exposé au musée du quai Branly). Le Président Emmanuel Macron avait promis que ce bien serait restitué et que cela nécessitera l'adoption d'une loi spécifique.

première approche, le fait que l'État soit propriétaire ne signifie pas qu'il a la faculté de refuser toute restitution du fait de l'existence de conventions internationales pour lesquelles la France est signataire. En sus, les biens culturels font l'objet d'une protection spécifique qui contraint l'État à certaines obligations. Quant à l'approche domaniste, elle ne se limite pas à l'idée de la garde du bien, mais reprend l'ensemble des règles relatives à la domanialité publique. Comme le rappellent Sarr et Savoy, les « restitutions temporaires » sont une « solution transitoire, le temps que soient trouvés des dispositifs juridiques permettant le retour définitif et sans condition d'objets »[1]. En clair, l'opération de restitution nécessite que le bien culturel sorte du domaine public pour que le transfert de propriété soit légalisé. Ainsi, l'approche propriétariste appelle l'approche domaniste et réciproquement.

Lutte contre le trafic des biens culturels – La problématique des restitutions se pose de manière plus forte aujourd'hui avec l'intensification du trafic des biens culturels. Derrière le trafic d'armes et de stupéfiants, le trafic des biens culturels occupe le troisième rang des activités criminelles internationales. Estimé à 10 milliards de dollars chaque année[2], ce trafic s'est accru pendant la pandémie de Coronavirus. Les conflits armés et le risque terroriste menacent notamment les antiquités pillées et revendues au marché noir[3]. Compte tenu du peu, voire de l'absence totale d'identification de ces biens, un grand nombre d'œuvres se retrouvent dans les maisons de vente du monde entier y compris en France[4]. Les organisations

---

[1] SARR (F.), SAVOY (B.), Rapport sur la restitution du patrimoine culturel africain. Vers une nouvelle éthique relationnelle, novembre 2018, p. 24.

[2] Unesco, The Tracker, n° 2, octobre 2020, p. 27.

[3] Appelés « antiquités de sang », ces biens archéologiques sont pillés dans les zones de conflit armé. Revendus sur le marché noir, ils financent en grande partie les organisations terroristes.

[4] La production de fausses factures et de faux certificats d'authenticité permettant leur entrée sur le marché de l'art.

internationales, en particulier l'UNESCO, l'ICOM et l'UE[1] coopèrent activement dans le but de protéger ces biens et de les restituer lorsque le trafic est avéré. La France s'est dotée d'un organisme spécifiquement en charge de ces questions : l'Office central de lutte contre le trafic de biens culturels (OCBC).

Résultats obtenus – La présente étude contribue à la recherche en droit public des biens. Tout d'abord, elle participe à la redéfinition de la propriété publique. La problématique des restitutions met en exergue la porosité entre la propriété légale et la propriété légitime. Ce sujet dépasse cette opposition, accouchant ainsi de la possibilité de créer un nouveau régime de propriété à savoir les communs culturels. Par ailleurs, l'étude a permis de remettre en cause le principe d'inaliénabilité du domaine public. Considéré comme un garde-fou des restitutions, cet axiome n'en demeure pas moins un principe de valeur législative. De surcroît, la pratique démontre qu'il est régulièrement contourné par le biais de dispositifs juridiques aux fins de restitution. En sus, l'étude a le mérite de proposer de nouveaux critères de sortie du bien culturel du domaine public. Cette nouveauté se traduit par des propositions de codification de critères communs à la restitution et également par des solutions alternatives lorsque la restitution est non souhaitée par l'État français ou que l'opération est complexe juridiquement. Enfin, le travail de recherche a souligné l'intérêt de créer un régime unique de restitution. Il s'agit de lutter contre l'inflation législative et d'harmoniser le droit des restitutions qui fait l'objet de normes éparses. La création d'un régime unique aurait également pour intérêt de lutter contre l'arbitraire. Actuellement, chaque opération de retour est le fruit de négociations politiques et diplomatiques. L'inscription de critères communs permettrait de justifier de manière claire et

[1] Respectivement : Organisation des Nations unies pour l'éducation, la science et la culture (UNESCO), Conseil international des musées (ICOM), Union européenne (UE).

légale la possibilité ou non de restituer un bien culturel à un État étranger. Plus largement, l'étude a mis en lumière les biens culturels, qui bénéficient d'une législation spécifique destinée à assurer leur protection. L'intérêt culturel, scientifique, artistique ou esthétique de ce type de bien justifie le fait que l'État français soit prudent dans le cadre des demandes de restitutions. Comme le dit justement l'adage : « Quand les hommes sont morts, ils rentrent dans l'histoire. Quand les statues sont mortes, elles rentrent dans l'art. Cette botanique de la mort, c'est ce que nous appelons la Culture »[1].

[1] Phrase introductive du documentaire "Les statues meurent aussi" de 1953, réalisé par RESNAIS (A.), MARKER (C.), CLOQUET (G.) citée *in* SARR (F.), SAVOY (B.), Rapport sur la restitution du patrimoine culturel africain. Vers une nouvelle éthique relationnelle, novembre 2018, p. 23.

Sources et bibliographie indicative

I- Ouvrages spécialisés

AUBY (J.-B.), AUBY (J.-M.), *et al., L'unité du droit. Mélanges en hommage à Roland Drago*, Economica, Paris, 1996, 504 pp.

BOURG (D.), HARDIN (G.), *La tragédie des communs*, PUF, Paris, 2018, 64 pp.

CORIAT (B.) (dir.), *Le retour des communs : la crise de l'idéologie propriétaire*, Les Liens qui Libèrent, Paris, 2015, 297 pp.

CORIAT (B.), *Propriété et communs : idées reçues et propositions*, Utopia, coll. Controverses, Bruxelles, 2018, 106 pp.

DARDOT (P.), LAVAL (C.), *Commun : essai sur la révolution au XXIe siècle*, La Découverte, Paris, 2014, 600 pp.

DEGUERGUE (M.) (dir.), *L'art et le droit – écrits en hommage à Pierre-Laurent Frier*, Publications de la Sorbonne, coll. Republica, Paris, 2010, 415 pp.

GROTIUS (H.), *Le Droit de la guerre et de la paix (De jure belli ac pacis)*, Buon, Paris, 1625, livre III, 650 pp.

HERITIER (A.), THURIOT (F.), « Le patrimoine culturel et la souveraineté politique : une liaison en quête de sens », pp. 97-116 *in* GRMP (Groupe de Recherches sur les Musées et le Patrimoine), *Patrimoine et mondialisation*, L'Harmattan, coll. Administration et Aménagement du territoire, Paris, 2008, 290 pp.

LAMOURI (I.), *Les ensembles décoratifs en droit. Enjeux juridiques de la protection patrimoniale des meubles et des immeubles formant une cohérence d'ensemble*, L'Harmattan, coll. Droit du patrimoine culturel et naturel, Paris, 2018, 170 pp.

PIATTI (M. – C.), QUINQUEREZ (A.*), L'accès aux biens culturels – Quel(s) défi(s) pour le droit ?*, L'Harmattan, coll. Droit du patrimoine culturel et naturel, Paris, 2016, 114 pp.

POMIAN (K.), *Collectionneurs, amateurs et curieux. Paris, Venise : XVIe – XVIIIe siècle*, Gallimard, coll. Bibliothèque des histoires, Paris, 1987, 376 pp.

POMMIER (E.), *L'art de la liberté. Doctrines et débats de la Révolution française*, Gallimard, coll. Bibliothèque des histoires, Paris, 1991, 516 pp.

PIERRAT (E.), *Faut-il rendre les œuvres d'art ?*, C.N.R.S., coll. Débats, Paris, 2011, 128 pp.

PROUDHON (J.-B.-V.), *Traité du domaine public ou de la distinction des biens considérés principalement par rapport au domaine public*, t. 1, Hachette, coll. Sciences sociales, Paris, 2014, 524 pp.

RAYMOND (G.-M.), *De la Peinture considérée dans ses effets sur les hommes en général et de son influence sur les mœurs et le gouvernement des peuples*, Hachette BNF, coll. Arts, Paris, 2017, 292 pp.

THOME (P.), *Biens communs, quel avenir ? Un enjeu stratégique pour l'économie sociale et solidaire*, Yves Michel, coll. Société civile, Paris, 2016, 125 pp.

V. PROTT (L.) (dir.), *Témoins de l'Histoire – Recueil de textes et documents relatifs au retour des objets culturels*, UNESCO, coll. Art, musées et monuments, Paris, 2011, 466 pp.

II- Thèses et mémoire

BETTIO (N.), *La circulation des biens entre personnes publiques*, LGDJ, coll. Bibliothèque de droit public, t. 265, Paris, 2011, 610 pp.

GAY (A.), *La restitution des biens culturels à leur pays d'origine- Un débat au carrefour entre le droit, la politique et la morale*, Université lumière Lyon 2, 2013, 67 pp.

HADJ CHERIF (H.), *Le droit de souveraineté permanente sur les ressources naturelles dans les territoires occupés et les territoires non autonomes*, Université de Bordeaux, école doctorale de droit, Bordeaux, 2018, 565 pp.

TARLET (F.), *Les biens publics mobiliers*, Dalloz, coll. Nouvelle Bibliothèque de Thèses, vol. 170, Paris, 2017, 746 pp.

III- Colloques

CE, *Droit public et patrimoine : Le rôle du Conseil d'État,* colloque du Comité d'Histoire du Conseil d'État et du ministère de la culture du 16 mars 2018, La Documentation française, coll. Travaux et documents, Paris, 2019, 317 pp.

CORMIER SALEM (M.-C.), JUHE-BEAULATON (D.), BOUTRAINS (J.), ROUSSEL (B.), *Patrimoines naturels au Sud. Territoires, identités et stratégies locales*, IRD éditions, coll. Colloques et séminaires, Paris, 2005, 551 pp.

CORNU (M.), FROMAGEAU (J.), POLI (J. F.), TAYLOR (A.-C.), *L'inaliénabilité des collections, performances et limites ?*, L'Harmattan, coll. Droit du patrimoine culturel et naturel, 2012, 298 pp.

DEBAT (O.), SAUNIER (S.), *L'image des biens publics culturels, Regards croisés entre droits public et privé*, Lexisnexis, Paris, 2020, 200 pp.

LAVIALLE (C.), « Le domaine public : chose publique ou patrimoine public ? », pp. 281-293 *in Pouvoir et gestion – Actes des cinquièmes rencontres du 29 et 30 novembre 1996*, Presses de l'Université Toulouse 1, coll. Histoire, Gestion, Organisations, Toulouse, 1997, 568 pp.

IV- Articles et interventions

AALDERS (G.), « Pillage et (non) restitution des œuvres d'art aux Pays-Bas (1940-2001) », *Revue d'Histoire de la Shoah*, n° 186, 2007, pp. 195-216.

BASTIEN (H.), « A quoi sert le domaine public mobilier ? L'exemple des biens culturels : l'émergence d'un véritable "domaine protégé" », *AJDA* 1993, pp. 675-681.

BATJENI SORO (K.), « La restitution du patrimoine culturel africain, une chance à saisir », *Nectart*, 2020, n° 10, pp. 138-147.

BIGLIONE (F.), « Domanialité publique et protection des biens culturels », *Legicom*, 2006, n° 36, pp. 65-74.

BIOY (X.), « La propriété éminente de l'État », *RFDA*, 2006, n° 5, pp. 963-980.

BIOY (X.), « Le statut des restes humains archéologiques – Commentaire de la loi du 18 mai 2010 visant à autoriser la restitution par la France des têtes maories à la Nouvelle-Zélande et relative à la gestion des collections », *RDP*, 2011, n° 1, pp. 89-111.

BRISSAUD (O.), « L'élaboration du principe d'inaliénabilité pour les collections muséales et les biens du domaine public mobilier sous la Révolution française », *Livraisons d'histoire de l'architecture*, 2013, n° 26, p. 141-156.

CONCHON (M.), « La récupération des œuvres d'art et objets mobiliers pillés durant la Grande Guerre », *In situ Revue des patrimoines*, 2014, n° 23, pp. 1-24.

CORNU (M.), RENOLD (M.-A.), « Le renouveau des restitutions de biens culturels : les modes alternatifs de règlement des litiges », *Journal du droit international*, 2009, n° 2, pp. 493-532.

DE GAUDEMAR (H.), « L'inaliénabilité du domaine public, une nouvelle lecture », *Revue Lamy Droit et Patrimoine*, 2009, n° 179, pp.1-8.

DELALOY (G.), « Faut-il supprimer le principe d'inaliénabilité du domaine public ? », *RDP*, 2006, n° 3, pp. 575-603.

DELISS (C.), « Formes rapides de restitution », *Multitudes*, 2020, n° 78, pp. 185-189.

DESCOLA (P.), « Passages de témoins », *Le Débat*, 2007, n° 147, pp. 136-153.

DUROY (S.), « Le déclassement des biens meubles culturels et cultuels. Réflexions sur la cause et les limites de leur inaliénabilité », *RDP*, 2011, n° 1, pp. 55-88.

ELIAN (G.), « Le principe de la souveraineté sur les ressources nationales et ses incidences juridiques sur le commerce international », *RCADI*, 1976, n° 149, pp. 1-86.

GIRARD-MUSCAGORRY (A.), « Les *regalia* du président : Autour des cadeaux diplomatiques ivoiriens de Valéry Giscard d'Estaing », *Les Cahiers de l'École du Louvre*, 2018, n° 12, pp. 1-16.

GROUIEZ (P.), « Le retour des communs : La crise de l'idéologie propriétaire », *Revue de la régulation*, 2015, n° 18, pp. 1-8.

HARDIN (G.), « The Tragedy of the Commons », *Science*, 1968, n° 162, p. 1243-1248.

HERSHKOVITCH (C.), « La restitution des biens culturels – Fondements juridiques, enjeux politiques et tendances actuelles », *Ethnologies*, 2017, n° 39, pp. 103-121.

JOURNET (N.), « Le droit au retour des ancêtres », *Sciences humaines*, 2009, n° 201, p. 16.

JOUVENET (M.), « Le "musée encyclopédique" dans la controverse sur les restitutions d'œuvres et objets d'art anciens. Enjeux et propositions pour une enquête sociologique », *Sociologie de l'Art*, 2016, n° 25, pp. 193-222.

LAMBERT-ABDELGAWAD (E.), « Le Comité intergouvernemental de l'UNESCO pour la promotion du retour de biens culturels à leur pays d'origine ou de restitution en cas d'appropriation illégale : un bilan assez mitigé », *Revue de science criminelle et de droit pénal comparé*, 2012, n° 1, pp. 265-273.

LE ROY (E.), « Des communs "à double révolution" », *Droit et société*, 2016, n° 94, pp. 603-624.

MURAVYEVA (M.), « "Ni pillage ni viol sans ordre préalable". Codifier la guerre dans l'Europe moderne », *Clio. Femmes, genre, histoire*, 2014, n° 39, pp. 55-81.

NOUAL (P.), « Spoliation et restitution d'œuvres d'art : le retour aux fondamentaux juridiques de l'ordonnance du 21 avril 1945 », *Petites affiches*, 2018, n° 227, pp. 8 -15.

ORLANDINI (J.-P.), « La réforme du régime juridique des biens meubles archéologiques », *AJDA* 2016, pp. 2042 et suiv.

PERROT (X.), « L'inaliénabilité des collections publiques et la restitution des œuvres d'art », *RDP*, 2017, n° 3, pp. 599-624.

PERROTIN (F.), « Restitution d'œuvre d'art : un partenariat public-privé », *Petites affiches*, 2015, n° 160, pp. 4-8.

PONTIER (J.-M.), « La restitution des œuvres d'art », *Revue Lamy Droit de l'immatériel*, 2012, n° 79, pp. 89-98.

PONTIER (J.-M.), « Service public culturel : épanouissement ou racornissement ? », *L'Observatoire,* 2013, n° 43, pp. 86-90.

RODOTA (S.), « Vers les biens communs. Souveraineté et propriété au XXIe siècle », *Tracés*, 2016, n° HS, pp. 211-232.

SAVOY (B.), « Objet d'observation et d'intelligence. La pierre de Rosette entre Paris, Londres, Le Caire… et Göttingen (1799-1805) », *Etudes Germaniques*, 2009, n° 256, pp. 799-819.

SCHILLER (H.), « Faut-il dire adieu à la souveraineté culturelle ? », *Le Monde diplomatique*, 1989, n° 425, pp. 10-11.

STAMATOUDI (I.), « Médiation et diplomatie culturelle, *Museum International*, 2009, n° 61, pp. 126-131.

VILLEGAS ZAMORA (T.), « Les dangers d'une exploitation commerciale du patrimoine culturel subaquatique », *Museum International.*, 2009, n° 60, pp. 20-33.

V- Rapports et études

CANTAREL-BESSON (Y.), *La Naissance du Musée du Louvre. Procès-verbaux des séances du Conservatoire du Muséum national des arts*, Paris, Réunion des musées nationaux, 1981, t. I, 305 pp.

C. Comptes, *La valorisation internationale de l'ingénierie et des marques culturelles, Le cas des musées nationaux, Communication à la commission des finances du Sénat*, 2019, 114 pp.

CRDOA, *Rapport d'activité 2019 de la commission de récolement des dépôts d'œuvres d'art*, Paris, septembre 2020, 70 pp.

CSNC, *Rapport au Parlement prévu par l'article 4 de la loi n° 2010-501 du 18 mai 2010*, 21 novembre 2014, 52 pp.

LE MOAL (C.), *Rapport au nom de la commission des affaires culturelles et de l'éducation sur la proposition de loi, adoptée par le Sénat, visant à autoriser la restitution à la France des têtes maories à la*

Nouvelle-Zélande et relative à la gestion des collections, Documents AN n° 2447, 7 avril 2010, 54 pp.
RICHERT (P.), *Rapport fait au nom de la commission des Affaires culturelles sur la proposition de loi visant à autoriser la restitution par la France des têtes maories*, Sénat, n° 482, 23 juin 2009, 57 pp.
RIGAUD (J.), *Rapport au nom du ministre de la Culture et de la Communication, « Réflexion sur la possibilité pour les opérateurs publics d'aliéner des œuvres de leurs collections »*, 20 janvier 2008, 48 pp.
Sénat, *Étude de législation comparée n° 191, L'aliénation des collections publiques*, 10 décembre 2008, 38 pp.
Sénat, *Rapport d'information fait au nom de la commission de la culture, de l'éducation et de la communication par la mission d'information sur les restitutions des biens culturels appartenant aux collections publiques, par BRISSON (M.) et OUZOULIAS (P.)*, 16 décembre 2020, 52 pp.
Sénat, *Rapport d'information fait au nom des délégués élus par le Sénat à l'Assemblée parlementaire du Conseil de l'Europe sur la protection des biens culturels africains n° 361*, adressé à M. le Président du Sénat en application de l'article 108 du Règlement, Actes du colloque organisé le 28 mars 2003 par Jacques LEGENDRE, 24 juin 2003, 57 pp.
SARR (F.), SAVOY (B.), *Rapport sur la restitution du patrimoine culturel africain, Vers une nouvelle éthique relationnelle*, novembre 2018, 232 pp.

Table des matières

Partie II
Approche domaniste de la restitution des biens culturels à l'étranger

Annexe n° 1
Les différents dispositifs de restitution de biens culturels à un État étranger sous la Vème République

Base juridique	Modalités de la restitution	Biens concernés
LOI n° 2022-218 du 21 février 2022 relative à la restitution ou la remise de certains biens culturels aux ayants droit de leurs propriétaires victimes de persécutions antisémites.	L'autorité administrative dispose [...] d'un délai d'un an pour **restituer** cette œuvre aux ayants droit.	15 œuvres spoliées pendant la Seconde Guerre mondiale.
LOI n° 2020-1673 du 24 décembre 2020 relative à la restitution de biens culturels à la République du Bénin et à la République du Sénégal.	L'autorité administrative dispose [...] d'un délai d'un an au plus pour **transférer** ces œuvres à la République du Bénin (art. 1).	26 œuvres pillées pendant la colonisation.
Décret n° 2011-527 du 16 mai 2011 portant publication de l'accord entre le Gouvernement de la République française et le Gouvernement de la République de Corée relatif aux manuscrits royaux de la Dynastie Joseon.	Pour éviter la procédure législative, l'exécutif ne parle pas de « restitution ». Ce décret autorise un « prêt ». Le **prêt** est consenti pour une période de cinq ans renouvelable (art. 1).	Ensemble des 297 volumes de manuscrits royaux Uigwe de la Dynastie Joseon provenant de la bibliothèque royale d'Oekyujanggak.

LOI n° 2010-501 du 18 mai 2010 visant à autoriser la restitution par la France des têtes maories à la Nouvelle-Zélande et relative à la gestion des collections.	Les têtes maories conservées par des musées de France cessent de faire partie de leurs collections pour être remises à la Nouvelle-Zélande (art. 1).	20 têtes de guerriers momifiées et tatouées.
LOI n° 2002-323 du 6 mars 2002 relative à la restitution par la France de la dépouille mortelle de Saartjie Baartman à l'Afrique du Sud.	L'autorité administrative dispose [...] d'un délai de deux mois pour les **remettre** à la République d'Afrique du Sud (art. 1).	Les restes de la dépouille mortelle de la personne connue sous le nom de Saartjie Baartman.

Annexe n° 2
Tableau comparatif entre le Droit des biens publics culturels mobiliers et les Droits sur les Communs[1]

Droit des biens publics culturels	**Droits sur les Communs**
Sous la propriété exclusive de l'État. Exception : les biens juifs spoliés durant la Seconde Guerre mondiale pour lesquels l'Etat est simplement gardien.	Inclusifs et pluralistes.
Absolu. L'État a une compétence discrétionnaire pour décider de restituer ces biens à un État étranger. Exception : En cas de biens pillés (Convention UNESCO de 1970), mais uniquement pour la période postérieure à 1997.	Relatifs aux conditions de temps, de lieu, d'acteurs.
Perpétuel. Exception : s'il est démontré qu'un bien est détenu de manière illégale par une expertise scientifique.	Temporaires et conditionnels, liés à l'usage.
Inaliénable (il faut nécessairement une loi d'exception pour que le bien	Objets de transferts, mais ventes de terres impossibles.

[1] Inspiré de la « Synthèse des principales distinctions entre droit civiliste et droit sur les Communs » *in* LE ROY (E.), « Des communs "à double révolution" », *Droit et société*, 2016, n° 94, p. 612.

culturel sorte des collections publiques).	
Imprescriptible.	Prescriptibles. Seuls les droits liés à la découverte et à la première installation sont imprescriptibles.
Insaisissable.	Normes peu nommées (coutumes), voire innomées (droit muet), formulées par des systèmes de dispositions durables.

Structures éditoriales du groupe L'Harmattan

L'Harmattan Italie
Via degli Artisti, 15
10124 Torino
harmattan.italia@gmail.com

L'Harmattan Hongrie
Kossuth l. u. 14-16.
1053 Budapest
harmattan@harmattan.hu

L'Harmattan Sénégal
10 VDN en face Mermoz
BP 45034 Dakar-Fann
senharmattan@gmail.com

L'Harmattan Cameroun
TSINGA/FECAFOOT
BP 11486 Yaoundé
inkoukam@gmail.com

L'Harmattan Burkina Faso
Achille Somé – tengnule@hotmail.fr

L'Harmattan Guinée
Almamya, rue KA 028 OKB Agency
BP 3470 Conakry
harmattanguinee@yahoo.fr

L'Harmattan RDC
185, avenue Nyangwe
Commune de Lingwala – Kinshasa
matangilamusadila@yahoo.fr

L'Harmattan Congo
67, boulevard Denis-Sassou-N'Guesso
BP 2874 Brazzaville
harmattan.congo@yahoo.fr

L'Harmattan Mali
ACI 2000 - Immeuble Mgr Jean Marie Cisse
Bureau 10
BP 145 Bamako-Mali
mali@harmattan.fr

L'Harmattan Togo
Djidjole – Lomé
Maison Amela
face EPP BATOME
ddamela@aol.com

L'Harmattan Côte d'Ivoire
Résidence Karl – Cité des Arts
Abidjan-Cocody
03 BP 1588 Abidjan
espace_harmattan.ci@hotmail.fr

Nos librairies en France

Librairie internationale
16, rue des Écoles
75005 Paris
librairie.internationale@harmattan.fr
01 40 46 79 11
www.librairieharmattan.com

Librairie des savoirs
21, rue des Écoles
75005 Paris
librairie.sh@harmattan.fr
01 46 34 13 71
www.librairieharmattansh.com

Librairie Le Lucernaire
53, rue Notre-Dame-des-Champs
75006 Paris
librairie@lucernaire.fr
01 42 22 67 13

www.ingramcontent.com/pod-product-compliance
Lightning Source LLC
LaVergne TN
LVHW021223061026
849535LV00008B/2887